人権をさがして

企業活動のなかで

竹内 良 Ryo Takeuchi
西谷隆行 Takayuki Nishitani

解放出版社

装丁●森本良成

はじめに

「同和は怖いって思ったという話、あれは解放運動が怖いと思ったの？　それともおれたちそのものが怖かったの？」

ある集会で、企業の人権研修について報告した私に、その地域の運動団体役員が優しい眼差《まなざ》しでそう訊《き》いた。

人権担当になって間もないころの私だったら、この問いかけを受けただけで、絶句、緊張のあまり、何も考えられなかっただろう。いや、そもそも、「同和は怖いなんていう、差別観をもっていた」ということを、率直に語ることは、できなかったろう。

企業が組織的に人権への取り組みを行うきっかけとなったのは、一九七五年に発覚した「部落地名総鑑」購入事件だった。この事件における確認糾弾会を通じて、企業は自らの差別体質を痛切に自覚・反省するなかから同和問題に取り組みだしたのが、今日の人権への取り組みにつながっている。あれから、四〇年余り……。今日の企業の人権に取り組む立ち位置は、この間の成果は、課題は……。

人権を日常に、身近に考えることを大事にしたいと思う二人の企業の人権担当者が、社内研修の合間に感じたこと、考えたこと、悩んだこと……、そんなこと、あんなことを自由気ままに書いてみよう、交互にボールを打ち合うラリーのように、相手の主張にからめたり、からめなかったり、そこのところも自由に書いてみようという、そんな連載が月刊誌『ヒューマンライツ』で七年近くも続いた（二〇〇八年六月から二〇一五年三月まで）。

今般、当時の原稿を整理しておよそ半分ほどに再編し、西谷隆行さんと竹内の共著単行本として刊行していただけることになった。読み返してみると、いつものように言い足りないこと、逆に言いすぎたこと、一面的なことなどなど、反省することが多いのだが、それでもその時点で精いっぱい、人権担当としての想いを、主語を一人称にして語ることを大切にしながら、綴《つづ》ってきた。そんな二人の軌跡を、あらためてご笑覧いただければと思う。

全国の被差別部落の所在をインターネット上に掲載したり、印刷物で発刊しようとしたり、ネットオークションで販売するなどの、露骨な差別事件が発生している。社会に根強い部落差別意識があるなかで、その所在地を悪戯《いたずら》に公示する、これらの行為は、部落解放・人権確立にむけた、運動団体、行政、労働組合、宗教団体、そして企業などの取り組みをあざ笑うがごとき差別行為であり、差別扇動にもつながる悪質極まりないものである。

このような差別行為を断固許さないという立場をあらためて確認しつつ、人権尊重社会の確立にむけて、企業の永続的な取り組みを進めていきたいと思う。

二〇一六年盛夏　七一年目の不戦の誓いの日

リオの大歓声を聞きながら

竹内 良

もくじ

＊各原稿のタイトル下部に付したイニシャルはその原稿の執筆者を示している。Tは竹内良、Nは西谷隆行である。
＊各原稿末尾の「○○年×月号（△△号）」は、その原稿の初出掲載誌『ヒューマンライツ』（部落解放・人権研究所発行）の月号数と通巻号数を示している。ただし、本書にまとめるにあたって適宜、原稿に手を加えた。
＊原稿中の「本誌」は『ヒューマンライツ』誌をさす。また、「今年」「昨年」「前号」などの表記は、初出誌掲載時のままとした。

ヒロシマと加害ということ

日吉地下壕

学生時代にはまったく知らなかった。人権担当者になって、ずいぶん年月が経《た》ってから知った。横浜市港北区日吉《ひよし》にある慶應義塾日吉キャンパスの下に、旧海軍の広大な地下壕《ごう》があることを。

日吉キャンパス地下には四カ所、総延長距離五〇〇〇メートルの地下壕があった。戦争遺跡としての地下壕というと長野県松代《まつしろ》の大本営地下壕が有名だが、ほかにも横須賀《よこすか》、広島などに地下壕があった。

日吉の地下壕も他の地下壕の多くがそうであるように、太平洋戦争の末期、突貫工事で掘られた。日吉の場合は地上にあった慶應の予科の学校校舎が、学徒動員で学生が戦場に追いやられて不在となったところに、まず一九四四年三月、軍令部が入ってきたのが最初という。その後、九月には連合艦隊司令部も入り、ここでレイテ決戦や、神風《かみかぜ》特別攻撃隊作戦指令が出され、また戦艦大和《やまと》の出撃命令もここから発せられたという。地下壕は敗色濃い戦況を受け、七月から八月にかけてそれぞれ造られはじめた。

地下壕の規模、設備、歴史などの詳細は、この壕の戦争遺跡としての保存を進める民間団体「日吉台地下壕保存の会」のこれまでの研究成果にゆだねることとしたい（参照資料＝日吉台地下壕保存の会編「戦争遺跡を歩く 日吉」、同会編「学び・調べ・考えよう フィールドワーク 日吉・帝国海軍 大地下壕」）。

地下壕で向き合う死

ここでは、ある人権セミナーの企画で、この地下壕を訪問する機会を得たので、そこで感じたことを述べてみたい。

梅雨《つゆ》空のどんよりした、蒸し暑い日だった。フィールド学習には企業の人権担当者を中心に約五〇名が参加した。テーマは「戦争遺跡を歩く・日吉」。

日吉台地下壕保存の会のメンバーの方々がボランティアとして見学のガイドを務めてくださった。

今回見学したところは連合艦隊司令部が置かれていた部分であった。壕自体はアーチ状に掘られ、床も壁もコンクリートで固められており、素掘りではない。壁に取り付けられた照明と、懐中電灯を頼りに歩く。

地下四〇メートルほどのところに位置する壕は道幅、高さとも三メートル近くはあっただろうか。壕の中は、ひんやりと冷気が流れていたが、これも空調を考えて壕内を毎秒一メートルの風が流れるよう地形、高低差などを考慮した竪穴空気坑《たてあな》が設けられているからだという。国家総動員法下とはいえ、あらゆる物資が欠乏していたあの時代、短期間に技術力と労働力を結集してよくぞ造ることができたものだと思う。これぞ、有無を言わせぬ、戦時下の国家権力の力なのだろう。なお、最高機密レベルで掘られたこの壕の工事には、その機密性保持の必要からであろう、朝鮮人の強制労働の記録はないという。

この壕からは離れたところにある、海軍省人事局の壕工事は、出水などで困難を極め、多くの犠牲者が出たが、こちらのほうには朝鮮人労働者が多く動員され、危険な作業に従事したという。また、別の壕の近くには朝鮮人労働者の「飯場《はんば》」もあったという。

今回のフィールドワークの圧巻は、短波通信機が設置されていた電信室跡でのガイドの方の説明だった。

電信室そのものは、それまで歩いてきた通路部分とは異なる、やや広めの部屋状の空間というだけで、説明を受けなければここが電信室跡とはわからない。

ここに約四〇基の通信機が並べられ、軍の最高機密情報が受発信されていた。ここでかつて働いた人の「証言」として語られたことは……。通信のなかには特攻隊機からのものがあり、敵艦隊に接近すると、「吾《われ》、突撃す、吾、突撃す、吾、突撃す……」を意味する短い電文が繰り返し受信され、そのツーという音が突然途切れること、その瞬間に突撃機は敵艦隊に突撃をしたか、もしくは撃墜されたこと、いずれにしても、その電波の向こう側に死の瞬間があり、それを直接に聴いていた、感じていたこと……。

戦艦大和の撃沈に際しても、敵の攻撃を受け被弾を知らせる電信を受信していた兵士がここにいたこと、それは爆撃、魚雷を受け徐々に傾く「不沈戦艦大和」について、「傾斜角、五度……」、「傾斜角一〇度……」、「一五度……」と、時々刻々と艦が傾き、撃沈に向かう姿を逐次伝えるものであったこと、涙ながらにその受信をしたこと……。

いまから六三年前、特攻機や人間魚雷などという無謀な戦略により奪われた命の叫びを感じ取ったであろう地下壕の壁を、いまはただ冷気が流れるその部屋の壁を、私はそっと指でなぞってみた。雫《しずく》がたれた。

地下壕の外に出ると、冷たくなっていた私の眼鏡のレンズが、外気の湿気でたちまち曇った。レンズを拭うと、壕の入り口前にあるバレーボールコートで、高校生たちがはつらつと体育の授業を受けていた。

語り継ぐ、つなぐことと、被害と加害

今回の、短時間のフィールドワークではあったが、感じたこと、考えたことがいくつかある。ひとつは、言い古されたことだが、語り継ぐ、つなぐことの大切さである。繰り返してはならない過去の過ちを、過ちだからこそ語り継ぐ、つなぐ、そこに耳を傾け、共有することが必要なのだと想う。戦争の悲劇として、語られ、継がれ、つなげられなければならないものが、少なくとも失われた命の数だけあるであろう。沖縄の「集団自決」、南洋諸島での玉砕、知覧《ちらん》、各地の大空襲……、そしてヒロシマ、ナガサキ……。

いや、被害の歴史ばかりではない、この国のアジア侵略、植民地支配などに代表される加害の歴史こそ、謙虚に学び、語り継ぎ、つながなければならないだろうと想う。そうすることが、「過ちは二度と繰り返しませんから」という不戦の決意を本物にする力になるのだろう。

そのことはまた、グローバルな視野で事業展開を進める企業にとっても、必要なことだと想う。当該諸国との不幸な歴史の時代を含めて、両国間に何があったのか、何をしたのかを正しく、謙虚に理解・認識しようと努めることが、彼の地で経済活動を円滑に進めるための相互理解、友好関係構築のうえでも重要だと想う。そして、こうした企業の姿勢がその企業価値を高めることにもなるはずだ。

いまひとつは、こうした戦争と平和に関する、本来イデオロギーを超えた主張について、さ

まざまな考え方、立場を尊重するということ、その尊重された場で自分の意見を表明すること、そうした権利が保障されるということがきわめて大切だということである。

しかるに、私たちのまわりには、いや、私のまわりには、いや、私のなかには、そうした議論を、意見表明を、させにくくしているものはないだろうか。企業だから……、とか組織の一員だから……、と意見表明をはばかってしまうことはないか、意見表明を放棄してしまうことはないか、思考停止に陥っていることはないか、自らを省みたいと想う。

平和と人権

恒久平和への想いを、折にふれて新たにすることを大切にしたい。

まさに平和なくして人権はないし、人権なくして平和はない。

私が中学、高校時代を過ごした広島。その平和記念公園のなかに原爆資料館（平和記念資料館）があることは、つとに知られているが、そのすぐ近くに「国立広島原爆死没者追悼平和祈念館」があることはあまり知られていない。実はこの「平和祈念館」（こちらは記念ではない、祈念である）のなかに、不戦の誓いを新たにするうえで重要な展示物がある。それは、展示パネルの最後の一枚に記された以下の文章である。

ここに、原子爆弾によって亡くなった人々を心から追悼するとともに、誤った国策により犠牲となった多くの人々に思いを致しながら、その惨禍を二度と繰り返すことがないよう、後代に語り継ぎ、広く内外へ伝え、一日も早く核兵器のない平和な世界を築くことを誓います。

「誤った国策により犠牲となった多くの人々」は「the many lives sacrificed to mistaken national policy」とあった。「誤った国策 mistaken national policy」と明記されていたのである。国立施設の追悼文のなかにこうした文言があるということに、ある種の感慨を覚えるのである。

心にしみる、フィールドワークだった。

２００８年８月号（２４５号）

「と場」という言い方

T

高野山

「今年の高野山《こうやさん》、どうだった？」

「うん、おもしろかったよ、とくに二日目夜の映画がね。それと今年は例年になく涼しくて、少し肌寒いくらいだった」

私のまわりの人権啓発担当者にとって「高野山」というのは、毎年夏、和歌山県高野山において開催される「部落解放・人権夏期講座」をさす。夏の残暑厳しいこの季節、標高約九〇〇メートルの高野町にある、高野山大学ほかの施設を利用して行う二泊三日の人権セミナーだ。

全国から集まった二〇〇〇名近い受講者は、山内《さんない》にある五〇を超える宿坊に思い思いに逗《とう》留《りゅう》し、自分の興味関心にあった講座を選んで受講する。カリキュラムは部落問題から女性、障がい者、アイヌ、中国少数民族、環境などなど実に多彩だ。参加型やワークショップもある。主催者、実行委員会の企画による魅力あふれる講座が並ぶ。今年の同講座の詳細は、特集号として刊行される『部落解放』六〇八号（二〇〇九年一月増刊号）に譲るとして、ここでは今年のこの講座に参加しての雑感を述べたい。

映画「にくのひと」

二日目の夜に映画会があった。例年このカリキュラムでは、人権啓発映画の上映や一人芝居、演奏と人権トークショーなどの文化公演が組まれる。

今年は、「にくのひと」と題する映画上映だった。上映に先立ち、制作にあたった監督と、映画の舞台になった兵庫県の食肉産業協同組合の理事長が「舞台あいさつ（講演）」をした。

監督は大阪芸術大学四回生で、高校時代にアルバイト先の牛丼店で感じた疑問、「牛は、どのようにして精肉になるのだろう」を追求し映像化したかったのだという。と場労働は昔もいまも、部落問題との密接なつながりがある。そこにカメラを持ち込んでドキュメンタリー映画を撮るということには、撮られる側のさまざまな思惑がある。いまなお存在する部落差別を前にして、カメラの前に素顔をさらすことへの戸惑いだ。だから監督からの要請を受けた多くのと場は撮影を断った。そんななか、ある人を介して紹介されたこの理事長は撮影を受け入れてくれたという。労働者たちの受け止めもよそとは違ったという。「理事長がええ言うんならええよ」。あっけらかんとしている。

理事長は、「この地域について言うと、全体としての……、個々にはそりゃあるよ、だけど全体としての厳しい差別体験がないからだろう」と言う。もちろんそれだけではないだろう、この理事長に寄せる信頼と職場同僚の相互の仲間意識、仕事への誇り、そしてこの撮影依頼を申し出た若き監督の真摯さへの信頼だろう。

この映画会の終わったあと、夜遅くに主催者本部宿坊でこの理事長を交えた何人かの方々との懇談の場に参加させていただいたが、その席上、理事長はとても印象的な話を披露してくれた。それは、「映画ができたら、事前に理事長、職場のみなさんには試写を観ていただくつもりです」と言う監督にむかって、「何言うとんねん、おまえも表現者なら、ひとに検閲を許すようなことを言うな」と諭したことがあったのだという。

「検閲」などが必要のない、「見るものに誤解、偏見、差別助長を許さない、きちっとした作品をつくれ」ということばだが、ほかのだれでもない、表現をする者にこそ、その自己責任を迫る厳しいことばであると同時に、監督に対する理事長の信頼の表れのことばでもあるだろう。

映画は、生牛がノッキングと呼ばれる、銃で気絶させられる場面から、放血、皮剥ぎ、内臓取り出し、背割り、洗浄、……枝肉としてせりにかけられる状態になるまでの工程を丹念に追う。そして職人がその魂を込めて振るうナイフ、斧《おの》からさまざまな電動道具、ホースにいたるまで、使い方を時にユーモラスに、時に鋭利な刃先を光らせ、緊張感をみなぎらせて紹介するように描いていく。

監督は「映画のなかに部落差別反対とか人権とは……、などのメッセージはあえて込めなかった」という。純粋に「牛が精肉になるまで」を描き、そこを見てほしいとも語った。

たしかに映画のなかでは、登場人物へのインタビューというかたちで現在のと場労働と部落差別に関して尋ねる場面もあったが、総じて淡々とした描き方だった。ある若者のてきぱきとした仕事ぶりや、仕事を終えて居酒屋で友人たちと談笑する姿を織り交ぜながら、生産工程が紹介されていった。放血の工程ではおびただしい出血の場面もあった。「首の皮一枚」でぶら下がった牛の頭のアップ、眼の光……もあった。迫力ある映像だ。若者の「おれは牛殺し」という声も収録されていた。それでも淡々と、高ぶることなく、押し付けることもなく……。

しかし、そこには確実に見る者に訴えるメッセージがあった。このと場労働を「恐ろしい」「怖い」として、その労働者を蔑視することの不当さ、傲慢さ、愚かしさ……。それは「おまえらだって、うまい言うて、肉、食うてるやん」という一言に凝縮される。

声高な「と場労働蔑視は不当、部落差別反対」ということばはいっさいないのだけれど、それだけに私にはそのメッセージが自分の感情として胸の内に湧いてくる、そんな映像だった。すぐれて啓発性の高い、秀作だった。

ことば・表現、もう一度

人間が生きていくためには、ほかの動物の命をもらわなければならない。そしてそれが食物すなわち精肉として食卓に載るためには、生物を殺し、皮を剝ぎ、非可食部位を取り除き、処理し、枝肉として加工する仕事が必要だ。その仕事はだれかが担わなければならない。

この当たり前のことに思いいたさず、その仕事とその従事者を嫌悪、忌避、蔑視するのは不当だし、傲慢というべきだろう。

私自身、先に（本年二月）、愛知県で行われた人権啓発研究集会の折、名古屋《なごや》市中央卸売市場南部市場での「と場見学」に際して、「ここは非日常の、普通ではないところ」という感覚を抱いた自分に気づかされた。それは自分にとって「あまり好ましくない」ことを、遠ざけておきたい、正視しようとしない、考えようとしない感情が働いているからだ。これが私の差別なのだと想っている。

人権担当者なら、人権研修の場面以外の日常生活では「屠殺《とさつ》」「屠殺場」という表現を使わない。この表現には、「殺す」という文字が入り、聞く人をしてそこに働く人びとに対する「恐ろしいことを平気でする」「荒々しい」という不当な差別感情、偏見を助長する、悪影響力の強い表現であり、このと場で働く人びとを傷つける表現だからだ。

だから屠殺ではなく「と畜」と言い、その場所を「と場」「食肉処理場」などと言う。と場関係者自身も「殺す」と言わないで「割る」という言い方をすることもある。

これら表現は「ことばの言い換え集に準拠する」ということではない。ことば狩りという指摘もあたらない。なぜなら、これは本誌九月号で西谷さんがいみじくも指摘されているように、「表現された主体がどう受け止めるかという判断基準」に照らした、発言者自身の思考、判断だからである。だれに強制されるものでもないからである。表現の自由を大切にしつつ、差別する自由はないことを知る、人を傷つけまいとする自己責任の表れだからである。

ただ、「と場」表現をするということは、社会のなかに差別観念があるから、「屠殺」という本来の表現が奪われてしまったということもできる。そして結果としてますます「と畜」「と場」ということばが、「殺す」ことから人びとの眼をそむけさせ、この労働自体を消費者、市民の視界から遠ざけ、見えにくくさせてしまったように思えてならない。

まだまだ社会の差別があり、怖い、恐ろしいという偏見があるから、屠殺という表現を使わない、言い換えをすることは当面必要なのはわかる、だが……。

啓発ということ

「と場」「と畜」表現を知識として教えることが啓発ではない。屠殺と表現しながら、なおその労働とそこにかかわる人びとに、自分がなしえない、必ずしも楽ではないその仕事に畏敬と感謝の念を抱き、その働き手を受け止められる感性を築くこと、磨くこと、そして理解することと、そのことを周囲に発信していけるまでに自分のものにすること、それが本来啓発がめざすべきことだろう。

西谷さんは、本誌前月号で「現地学習」と「フィールドワーク」についても言及されていた。ことばを大切にされる西谷さんらしい洞察だと想った。術語すなわち専門用語としてのフィールドワーク、そこでは「お膳立て」された「現地学習」の域をはるかに超えた、参加者の主体的な内面を掘り下げる、差別と向き合う自分の生き方を問う、すなわちワークする自分を見いだす営みが求められているのだろう。きわめてむずかしいことだが、人権担当者冥利に尽きる、楽しい人権との出会いがそこにはあるように想う。それをこそ私は啓発と呼びたい。

２００８年10月号（２４７号）

表現の自由を守るために

T

世界人権宣言と出会って

前号で西谷さんは、「人権」概念と出会った、経験の比較的浅い啓発担当者の想いと取り組み姿勢に関して、彼ら、彼女らが一種戸惑いと、気負いを感じることを「人権という刀との出会い」と評され、これが名刀にも、時に妖刀にもなることを指摘された。

ちょっとむずかしい議論だけれど、私自身の場合に当てはめて考えてみたい。

いまから二十数年前、人権啓発担当者になって間もないころ、会社の先輩から最初に読むように勧められたのが、同和対策審議会答申と世界人権宣言であった。

ちょうどいまから六〇年前の一九四八年一二月一〇日、第三回国連総会で採択された世界人権宣言……。その前文には「人類社会のすべての構成員の固有の尊厳と平等で譲ることのできない権利とを承認することは、世界における自由、正義及び平和の基礎」とあり、さらに第一条には「すべての人間は、生まれながらにして自由であり、かつ、尊厳と権利について平等である。……」とある。

この文言を初めて読んだ私は、「普遍的な価値としての人権」を漠然として受け止めた。普遍的とは、時を超えて、場所を超えて広く受け入れられる……という意味だが、「普遍的価値としての人権」というと、もう少し強いニュアンスがある。すなわち、絶対的価値、正義としての人権。当時、なんだかとても力を得たかのような感覚がしたものだ。

しかし、この人権を自らのものとするためには、さまざまな差別事象と向き合う自分を見つめ、掘り下げ、その差別事象と自分とのかかわりを考察し、自分の意見、立場を明らかにし、言語化すること、表明すること、つまりは「自分のなかを一度くぐらせる」ことが必要である。ところが、それをすることなく、「普遍的価値としての人権」を振りかざして「差別は間違っている」とやってしまう「人権研修」……。

それは別の言い方をすると、啓発担当者が自分のことばで語るのではない、借り物知識としての「人権研修」ということになるのだと想う。そして受講者にとっては「人権はこんなに大切なことなのですよ」と、最初《はな》から遵守すべきこととして「人権」が語られるのであって、受講者が啓発担当者のことばに触発され、自分の成育歴や生活体験に照らして主体的に人権を考える研修にはならない。だから受講者が自分を見つめたり、具体的な行動を起こすまでには、結びつきがたい……。そのことはいまになってわかるのだが、当時としてはわかりえようはずもなく、だからそのころの私の行った研修の受講者感想文では「えらいお説教を聴かされたようで、息苦しかった」という声が寄せられたのだった。西谷さんの人権妖刀論は、そういう意味でもある、たぶん……。かつての私のことを言っているのだと想う。

懲りない人

もう話題を変えようと想っていたのに……。表現にかかわる話が続いたので、今号では別の話題にふれたいと想っていたが、国土交通大臣の差別発言と就任五日にしての辞任劇を見た以上は、この件にふれておかないわけにはいかなくなってしまった。発言からはずいぶん時間が経《た》ってしまったが、このラリーエッセイのなかに、その問題性を収めておきたいと想う。

それにしても、どうして発言がこんなに軽いのだろう。洞察が浅いのだろう。その発言とはいうまでもないが、「日本は単一民族」発言、日教組に対する中傷と批判発言、ならびにこれに続いてなされた一連の発言である。

これら発言のもつ人権侵害の重大性は、それ自体が大きな問題であることはいうまでもないが、それを見る前に、発言主体がだれなのかによってその問題の大きさはおのずと変わってくることを指摘しておきたいと想う。いうまでもなく、ことばを発するとは本人の考え、意見、感情を表に表す行為である。この発言を聴く人はそこから発信者の主義、主張、信条、性格、人間性、人格をも感じ取ることになる。それだけに、公権力の決定や行使にかかわる人びと、とりわけ政治家には人権意識に富んだ、責任、自覚ある発言が求められ、一国の大臣ともなれば、その発言のもつ社会的影響力、重みは一般人の比ではないことはいうまでもないだろう。

「日本は単一民族」発言をめぐって

この発言はいわゆる「差別発言」とされているが、どうして差別になるのか。この発言の差別性はどこにあるか。

社内研修でこの点を尋ねると、「発言は間違いだ。単一民族と言ってしまえば、アイヌ民族や在日の外国籍などのさまざまな民族を無視していることになる」という趣旨の答えが返ってくる。うーん、これは最低限の答えではあるが、これだけでは不十分といわざるをえない。あと二つの視点を付け加えたい。

まずひとつは、現実の社会のなかで、アイヌ民族や在日外国人などの人びとに対する差別が存在しているということである。就職や賃貸不動産への入居問題などのほかにも、生活をめぐってさまざまな差別がある。だから当事者にとってはこの「単一民族発言」にあえば、その存在が無視された発言である以上、現実社会のなかの「被差別感」が増幅されるということだ。

現実社会で、これらの人びとが被差別当事者の立場でなければ、たとえば尊敬されるべき存在だという立場が確立しておれば、この発言は単に「事実誤認」発言ということで済むのだろう。

いまひとつは、この発言が、過去にも繰り返しなされ、そのつど発言者が「反省とお詫《わ》び」の言を弄しているにもかかわらず繰り返される、すなわち過去の過ちになんら学んでいないということがもたらす侮辱感である。ここにおいても被差別当事者は自らの存在を否定されることになる。先の謝罪はなんだったのかという気持ちだから、あきれもするし、憤りも覚えるのだ。「いい加減にしろ」ということではないか。

「日本の教育のがんは……」発言をめぐって

この発言は、今回の大臣発言だけでなく、ほかのところでも比較的多くの人が耳にするものだろう。「諸悪の根源」というくだり、文脈で「○○が、うちの組織のがんなんだよ」などという使い方をする。○○に該当する組織、人に対する強い批判、否定的な表現だ。今回の発言が日教組に対する不当な中傷であることはもちろんだが、それだけではなく、根治が困難な病の代表例としてがんを取り上げ、それをマイナスイメージの代名詞として比喩的に使うこの表現は、当該病の患者本人ならびに家族にも苦痛や不快感を与える場合があるだろうと思う。

ことば狩り

「私の失言というのか、舌っ足らずというのか、ことばはやっぱり大事だから、ことば狩りに遭わないように、十分気をつけないといけない」との発言もあった。この「ことば狩りに遭わないように」という発言からは、反省や謝罪の気持ちが伝わってこないし、ことばが大事ということの意味もおわかりではないように想う。

ことばは大事だが、それはことばそのものが大事なのではなく、ことばがそれを発する人の主体、思想を体現するものだから大事なのであろうと私は想う。だからこそ発信者は自らのことばを選ぶし、吟味もするし、だれかを差別したり傷つける可能性のあることば・表現は避けようと想うのだろう。

そして自分の発したことばには責任を負うのだ。責任を負うとは、たとえば万が一にも差別性を帯びた発言をしてしまい、そのことを指摘されたときには、まずは自己省察を深く掘り下げ、指摘の声に謙虚に耳を傾け、それに対して説明を尽くすということである。そこで話し合いがもたれ、その結果、発言者自身が納得がいったら、反省し、必要であれば謝罪するということもあるのだろう。

また、ことば・表現によって差別されたと感じた人がそのことを指摘する行為は当然である。それは決して「ことば狩り」ではない。自らとまわりの人びととの表現の自由を大事にするからこそ、差別する自由まではないことを言明する行為だと想う。自らの主体、ことばを大事にするための責任ある行動だと想う。

これまでにも本誌で何度も述べたが、表現の自由は人権の根幹のひとつである思想、信条の自由を体現するものとして、きわめて大切なものであり、私はあらゆることば、表現は他人の人権を侵害しないかぎり、自由に使えなければならないと想っている。

だから、他人の人権侵害にはあたらないのに、たとえば世間体や風評、他人の眼を勝手に気にして、伝えたいこと、言いたいことを躊躇《ちゅうちょ》するような、表現を狭める行為は、できるだけやめたいものだと自戒している。時に内容によっては表現することに勇気を必要とすることがあるのだけれど、「まわりがなんて思うだろう、なんてことを気にしたときから、あなたたちの堕落が始まるのですよ」と喝破したある作家のことばを肝に銘じておきたいと想っている。なかなか想いどおりにできないことも多いけれど……。

２００８年12月号（２４９号）

「ことばの重み」を考える

今回は「ことばの重み」について少し考えてみたい。

昨年報道された〝政治家の発言〟のなかにはその真意を疑いたくなるものが少なくない。なんで、こんなことを言うのか、理解に苦しむ発言があまりに多い。なかには、かつて「日本は単一民族」発言をして批判を受け、その後アイヌ民族の権利回復にむけて積極的に活動するようになった政治家もいるから、その時点では無知であったということなのかもしれないが。

また、懸賞論文に応募してその内容が問題となった元自衛官の場合のように、残念ながら、その趣旨や心情に同意や共感をもつ人が少なからずいるのではないかと推察される場合は、いささかやっかいである。現役では言えなかったことを言ってやるという、確信犯であるからだ。もっとも、今回は、その手法がお粗末であったために、モノグラフとしての体裁の部分で批判を受け、表面的には支持はまったく受けられなかった。

しかし、これらのことに関連していささか気になることがある。私たちはその問題発言がなされたという事実を知ることができるが、多くの場合、どのような文脈でどのような意図のもとになされたのかを詳細に知ることはむずかしい。たとえば、身内である後援会での席であったとかオフレコの懇談の場での発言であったとか、何万言費やしたなかの数語であったとか、なかなか知ることができない。

政治家は公人であるから片言隻句《へんげんせっく》に神経を行き渡らせるべきだとか、そもそも、そのような差別意識が根底にあるからこそ、何かの拍子にポロッと出てしまうのだ、といった指摘はまさにそのとおりだろう。しかし、それをだれかが認定してしまって報道するのではなく、これこれこういう趣旨の発言のなかでこのような発言も飛び出した、読者はどうお考えだろうか、というかたちの記事であってもいいのではないだろうか。材料はこれだけあります、みなさん判断してください、と。そうでないと、過去の時代に経験したような付和雷同の大合唱のなかで物事が流れてゆくような気がするのである。

個々人が、逐一の出来事に対し、自分の設定した物差しで、きちんと判断してゆく、そういうトレーニングが必要なのではないか。そのための材料をこそ、メディアはきちんと提供すべきではないのか。

差別語と差別表現を考える

研修などで、差別語についてのテーマを要望されることがある。そして聞いてみると、「差別語とはなんですか」「たとえば○○は差別語ですか」「差別語だとしたらどう言い換えたらいいのですか」「差別語の一覧があれば紹介してください」などといまだに言われることがある。うーん、いまだにそうなのか。気持ちはわからないではないが。そこで、最近では、枕に三つのことを言うことにしている。

いわゆる「差別語」といわれることばは、明らかに存在する。それは、そもそも差別する意図をもって創られたことばというものが存在するからである。そして、エティモロジー（語源）としての観点は別にして、長い間差別的意味合いをもってのみ使われてきたことばというのもあるからだ。当然、そういったことばについては、慎重な取り扱いが必要である。

しかし、より大切なことは、あることばが差別語であるかどうかではなく、その表現が差別的な表現になっていないかどうかだ。つまり、差別語を使っても差別的でない表現というのもありうるし、逆に差別語を使わなくても差別的な表現はなしうる。表現行為を行ううえで、重要なことは、その表現が差別的な表現になっていないかどうかだ。

二つ目に、「表現」だから当然、時代とともにその受け止め方が変わってくる。その担うニュアンスに変化が生じる。現時点でどう判断することが妥当であるかが重要である。いま使うのであれば、生き物であることばを、古色蒼然《こしょくそうぜん》たる用法で判断する必要はない。だから、かつては問題があるとされた表現でも現在ではそれほどではないものもあるし、逆に以前は問題ないとされた表現でも現在では配慮が必要なものも当然に存在するということだ。性差別にかかわるような表現は、現在では配慮が必要なものである。ことわざや四字熟語のなかにはこういったものがけっこうある。女性や障害のある人に対し、その時代がもっていた意識を如実に反映したものが多々あるからである。

三つ目だが、二つ目と微妙にかかわってくる問題として、伝達行為としての「表現」は、当然受け手がありその反応がある。受け手の反応はその行為の結果を判断する重要な要素なのだが、必ずしも受け手が常に十全の反応を返してくれるとは限らない。

つまり、その「表現」が、ほんとうは問題のある表現だったとして、必ずしもすべてが「問題あるよ」と発信者に返ってくるとは限らないということだ。だから、否定的反応がなかったからといって問題がなかったとはいえないということである。必ずしも問題として顕在化しないからといって、「問題がない」とはいえないのだ。ここのところは謙虚に慎重に判断しなければならない。

よく耳にするのは、ほかの雑誌や本では使われていた、というものだ。また、以前使って何も問題なかった、というものである。そうではなく、ここはもう一歩、自身の判断がほしいところなのである。

おおむね、以上のようなことを枕で述べ、次に具体的な事例にそってみなで考えるという手法をとっている。

当事者の理解を得られるか

さまざまな表現を考えるさい、判断するためのチェックポイントとしていくつかあげることがある。そのなかの重要な点として、「当事者の理解を得られるか」というものがある。

表現であるから、当然そこで表現されている主体（主題となるもの）がある。たとえば、そこで表現されている人たちの理解を得られるかということである。

これがむずかしい。たとえば、その人たちの全員が納得しないとか、多数の人たちが納得しないだろうとかいう場合は、ことは簡単だ。だが一人でもその表現によって悲しい思いをしたり、傷つく人がいるならば、その表現は使うべきではない、というのは考え方としてはわかる。だが、一人ひとりの感性のすべてに寄り添うことは、現実には非常にむずかしい。もちろん、ここは最大限努力のしどころである。そのうえでなお銘記すべきは、判断停止のうえにたった過剰な配慮は、逆に事なかれ主義を生み、結果として、日本語という言語をやせ細らせる方向に向かうのではないかということだ。

漢字は表意文字である。その一文字一文字が意味を担っている。だから、熟語のなかで否定的な意味を含む文字が含まれていた場合、使わないという立場がある。しかし、戦後の国語改革のなかで、漢字の使用を制限的に使用してきたなかでは、同音の漢字による書き換えなどの措置のなかで表音的に置換された場合もあるのである。つまり、その一文字としては、音として借用しているのであり、意味を付与されていない。数文字から構成されているひとかたまりの単語として意味を担っていると解されているのである。話題になる「障碍」「障害」もそのひとつだ。

ことばの重みということ

冒頭にも書いたが、ほんとうにことばに対する感覚というものは千差万別だ。慎重に慎重に、練りに練って使う人もあれば、ぱっと思いつきで使う人もある。だからよく使われる「そんなつもりで言ったのではない」という言い訳も、当人にとってみれば半分は本音なのだろう。しかし、そもそもが深く考えずに発せられているのだから、とうてい免罪符たりえない。自らが深く考えて、ことばを選んで使う人ほど、ことばに敏感だから、不用意な発言によって傷つけられることも多い。逆に、不用意な発言者は、ことばの重みを理解していないから、他者のことばによって傷つくことも少ない、というはなはだ矛盾に満ちたことになる。

採用選考時における不適切発言なども、その事例を探ってみると、いわば「雑談」のおりなどの、相手をリラックスさせようとしたなどの状況におけるものが多くみられるという。わからないではないが、これなども単に不適切質問例などの用例集をいくら学習しても本質的解決にはならないような気がする。何が不適切か、を知ることよりも、なぜ不適切かを理解することが必要であり、当然のことながらその根底には、発することばの一語一語が相手にどのような影響を与えるかということに対する深い洞察をもつことの重要性がある。すなわち、ことばの重みに対する敬虔《けいけん》な態度である。

私たち一人ひとりがことばの重みを理解して意識的に使用しないかぎり、被害をこうむるのは「ことば」そのものであり、ひいてはそれは私たち自身に返ってくることになる。

2009年2月号（251号）

「休暇」を見る

吉村昭《よしむらあきら》の短編に『休暇』という佳作がある。刑務官である主人公が、結婚が決まって新婚旅行に行くことになった。が、老母の葬儀などでその年の有給休暇をすでに使い果たしている。彼は一週間の特別休暇が与えられるある任務を願い出る。

原作は五〇枚程度の短い掌品であるが、裁判員制度の実施を控えたこの二月、一一五分の力作として映画化された。映画は、まず刑務官の日常を丁寧に描いてゆく。

一週間の特別休暇が与えられる任務とは、この施設で三年ぶりに施行される死刑の執行にさいして、支え役という仕事をすることである。支え役というのは、刑の執行直後の受刑者の体の回転を止め、円滑に刑が執行されるよう「支える」役である。通常、希望者を募るが、応募者はおらず指名となる。それを、一週間の新婚旅行のために、主人公は願い出る。

当然、指名となると思った同僚は、結婚式を控えた彼を、候補からはずすよう上司に進言する。が、彼が志願したと知って、逆に「人の死をなんだと思っているんだ」と怒る。

冒頭の場面、新婚旅行中の汽車のなかで、主人公がうつらうつらしている。と、乗り込んできた若者二人がザックを床に置く。「ドサッ」。はっとして眼をさます主人公。また、再婚である妻の六歳の子どもとキャッチボールをしていて、突然吐き気を催す。一週間の特別休暇の意味を考えさせる場面だ。

刑務官という仕事は、一般にその実際をほとんど知られていない。仲人が彼を、「お堅い公務員さん」と紹介し、主人公は面映《おもはゆ》い思いをするのであるが、これは、あながち意図的なものということはできないだろう。一般には、刑務所勤めの実態なぞほとんど知らない。しかし、このあたりを映画は丁寧に描いてゆく。定年を間近に控えた同僚はちょっと変だ。それを「長年ここにいるとああなる」と仲間から揶揄《やゆ》されるが、若い新入りの同僚は、それが冗談とは思えない。

時に、刑務所での刑務官による暴行や、非人道的扱いが報道などで明らかになることがある。そこで語られる「事実」は問題であるが、映画のなかで、「執行」の気配を察知した日ごろはおとなしい死刑囚が、突然、猛然と暴れだす場面がある。それを三人の刑務官が必死で取り押さえる。こうした非日常の場面を私たちは、ほとんど知らない。想像だにしない。

この映画のDVDのカバーの評言で森達也《もりたつや》氏はこう言っている。「たかが映画だ」。そうなのだ。「たかが映画なのだ」。また、ドキュメンタリー作品というわけではない。そうした指摘を大切な指摘だと感じつつも、この作品によって喚起された感情を大事にしたいとの思いは消えない。

立会人のなかに司法修習生がいる。つまり、法曹に携わる人間は少なくとも、その場面に立ち会う機会をもちうるということだ。国家が人を殺すことの是非は議論があるところだろう。が、それ以上に、死や処刑というものを直接に体験したことのない人間が、ルールに照らしてのみ判断することについては、きちんと問い返されるべきだろう。

人の死を抽象的な「死」ととらえてはいけないだろう。ひとはさまざまな死に出会う。不慮の死、病死、天寿を全うした死、肉親の死、知人の死……。それは、不可抗力のものとして襲ってくる。受け入れがたくもあり、同時になんとしても受け入れざるをえないものとして立ち現れる。

「職業差別」について

この作品を見るなかで、もうひとつ考えたことがある。

職業差別をいうとき、私たちはその実態をきちんととらえているだろうか。イメージだけが先行しているのではないか。たとえば、と場差別の場合、実際の現場を見た人びとの多くが、以前に抱いていたイメージとのギャップを口にする。実際に見学をしてみれば、近代的な工場の一種という印象だ、との感想を多く聞く。そこで働く人びとの技能者としての誇りも垣間見《かいま》える。たしかに血は流れるが、では、マグロの解体とどう違うのか。

仏典にある「屠所《としょ》の羊」という表現が問題なのは、「死という運命を考える羊」の心情を描くことにではなく、「羊の心情を描くことを通して、屠所という場に対する差別的感情を惹起《じゃっき》すること」にこそ問題がある、のではないか。

凄惨な場としての比喩に問題があるのは、表現者として見た場合、実態を知ることもなく、古くから使われてきた手垢《てあか》のついた表現を臆面もなく使う、ということにこそあるのではないか。

どんな場合であっても、無知や無意識によって相手を傷つけるような表現や行為があってはならない、だろう。しかし、知ったがゆえに、自縄自縛に陥ることもまた、避けねばならない。


「差別感情」と「差別的な行動」

映画の一場面。年配の刑務官が若い刑務官相手に雑談をしている。年ごろの息子が最近親しくしている友人を家に招待したいという。スーツで会うか普段着で会うかいろいろ悩んでねえ、などと言う。が、現れたのは男の子だった。すかさず若い刑務官が「息子さんゲイだったんですか」と言うと、「ひとの息子をつかまえてゲイだっていうのか。おれが、親友と言ったのを彼女と早とちりしただけだ」と激昂《げきこう》する。この若い刑務官は、主人公の旅行のための配慮を上司に進言し、一方、休暇のために支え役を願い出る主人公を難詰するという男だ。「差別感情」に対する議論を聞くたびに思うことがある。そもそも「差別感情」をなくすことは、できるのだろうか。それは、心をなくしたロボットになれということだ。いや、ロボットでさえ今日映像に現れるものは感情をもっている。感情をもつかぎり差別感情をもたないことなどありえない。

問題はもって、さてどうするかだ。わかりやすくいえば、路傍の、明らかに何日も風呂に入っていない、垢で汚れきった服を着た、異臭を放っている路上生活者を見て、どう思うか。「かわいそうに。いろいろ不運にみまわれたのだろう」「臭い。なんで、こんな臭いのだろう」。いろいろに感じることはあろう。

そういえば、こんなことがあった。毎朝、通勤電車で乗り合わせる初老の女性がいた。ラッシュ時、乗車駅で乗り込むと必ずシルバーシートに座っている人に「すみません。足が悪いもので」と言って席を譲ってもらっていた。また、シルバーシート席付近で、傍若無人《ぼうじゃくぶじん》に携帯電話を操作している若者を見つけると「電源をお切りください」と表示されている掲示を指し示しながら毅然《きぜん》と注意した。

快く席を譲ってくれた若者には、丁寧にお礼を言いながら、自分はあえてこのような運動を続けている、とも言った。

あるとき、シルバーシートの片隅に路上生活者とおぼしき老人が眠りこけていた。寒い時期、環状線は暖房が効いて、格好の睡眠場だ。例のごとく、乗車駅から乗り込んだその女性は、珍しくいつものシルバーシートが空いているのを見て、その老人の隣に座った。途端、顔をしかめ、「臭い!」とつぶやいた。そして、倒れかかる老人を押し戻した。

この女性を非難するつもりはない。自らや、自らの属する集団、あるいは弱者のために闘っている(と広言している)人が、このような本音を漏らしてはいけない、などと言うつもりはない。ただ、問題は次の瞬間どうするかだろう。

「差別感情」はだれにもある。それをもつなと言ったり、悪いことだと言うのは無意味なのではないか。そうではなくて、もったという事実を認めたうえで、どう行動するかではないだろうか。

かの刑務官に則していえば、息子の親しい友人が「男」ではなぜいけなかったのか、考えてみる意味はあるのではないか。

たかが一一五分だが、私にさまざまなことを想起させてくれた。

2009年8月号(257号)

T

やさしさのまなざしが導く、私という視座

金子みすゞさん

山口で開催された西日本夏期講座に参加した。ちょうどよい機会だということで、前日には少し足を伸ばして長門《ながと》市仙崎《せんざき》の金子みすゞ記念館を訪れた。「私と小鳥と鈴と」を謳《うた》い、「みんなちがって、みんないい」と結ぶ彼女の詩はとくに有名だ。人権担当者はこの「みんなちがって、みんないい」は、SMAPの「世界に一つだけの花」と同様、ともに個の相互認識、尊重を意味しており、あるがままでいいんだよという人権尊重の視点だと受け止める。私もそうだ。でも今回訪問するまでは、私は「大漁」のほうが好きだった。おおばいわしの大漁で、浜では人びとがお祭り騒ぎだけれど、海の中では何万ものいわしの弔いが行われるだろうと詠む、彼女の人間中心ではない視点に、またお祭り騒ぎ・大喜びと弔いという、相反する、対置される世界の存在に、気づかされるからだ。

だいたい、私と小鳥と鈴みたいな「異質」なもの同士を比べて、それで「みんなちがって、みんないい」なんて言われてもなあ……などと浅はかな「違和感」も覚えていた。

それでも、筆者が所属する東京人権啓発企業連絡会が資料提供しているホームページ「ひろげよう人権」(http://www.jinken-net.com/)に、金子みすゞ記念館館長の矢崎節夫《やざきせつお》さんの講演録が掲載されているのを思い出し、仙崎に行く長い道中、もう一度読んでみようと想った。

例によって新幹線での移動中、読み進めていくうちにある個所で愕然《がくぜん》とさせられた。思わず姿勢を正してその個所を繰り返し読んだ。三回読んだ。しばし、ジーンとして車窓を眺めやり、そして目を閉じた。鳥肌がたつ想いだった。矢崎さんの解説を少し引用させていただく。珠玉のようなすてきな解説だから長くなるが。

「みんなちがって、みんないい」とは、一人一人がそれぞれに光輝いている存在だということです。そして、「みんなちがって、みんないい」とは、あなたはあなたでいいのが最初だということです。私は私でいいんだは後です。私は私でいいんだ、から始めてしまうと、好き勝手でいい、人をいじめても、傷つけても、殺してもいいんだになってしまいます。これは「私とあなた」のまなざしです。自分中心、人間中心のまなざしです。みすゞさんのまなざしは「あなたと私」ですから、あなたはあなたでいいのが最初です。

……中略……

「みんなちがって、みんないい」は自分自身に使う前に、まずあなたの方にむかって使うことばなのですね。

すべての存在がそのままですばらしいと気づいた時に、「私」中心だったまなざしが、「あなた」に向かっていくのです。ですから、「私と小鳥と鈴と」という題で始まって、それぞれのすばらしさに気づいて、まなざしが変わって、「鈴と、小鳥と、それから私」と、私が最後にくるのですね。……


朝、家を出がけに前述の「私と小鳥と鈴と」に抱いていた違和感を妻に話したときに、妻が「読み方が浅いね」とポツリと言ったのを想い出した。金子みすゞさんは私という視点をいちばん後ろ側にすえながら、徹底して自分の視座で自分を語る人なのだと想うようになった。

仙崎に着いたときは、土砂降りの雨だった。館の方の案内で街を少し歩いた。広くはない道路の両側の家の軒先のそこかしこには、小さな木の札が下げられ、そこにはみすゞさんのいろいろな作品がかわいらしい絵とともに描かれていた。各人がお気に入りの作品を選んでつくるのだという。小さな町全体にみすゞさんのやさしいまなざしが溢《あふ》れているようだ。一枚一枚をあらためて読んでいった。

そして、ひとつ気がついたことがある。みすゞ記念館館長の矢崎さんのやさしさである。みすゞさんの作品に出会いその才能に気づかれ、埋もれそうになっていた数々の作品をこの世に提起され、私たちの前に示された。みすゞさんのことばを大切にしながら、みすゞさんと変わらぬ深くやさしいまなざしで、みすゞさんのことばを読み解いておられる方だと想う。

自分の想いをことばに託す……、ことばを大切にする方との出会いは楽しい。こんなときだ、人権担当者をしていてよかったと想うのは。

「いかがなものか」は

だから翌日の第三四回部落解放西日本夏期講座初日の、ことばをめぐる一件は大事にしてほしかった。当日のことをご存じない方もおられるだろうから、簡単にご紹介すると、全体講演が行われて休憩後の冒頭、司会者が「ただいまのご講演に対して会場内から、『講演のなかで舌足らずという表現があったが、これはいかがなものか』、という指摘がありました。この点について、すぐに講演者に連絡をとろうとしたのですが、すでにタクシーの中ということで、連絡はできませんでした。……私たちは表現には敏感でありたいと思います」という発言をされたのだ。

私はこの講演のなかで、講師が示された企業観について違和感を覚え、そのことが気になっていたせいか「舌足らず」という発言には気がつかず、したがってどのような文脈で「舌足らず」と言われたのかは定かではないが、司会者の発言は説明不足であると感じた。このままでは「舌足らず」という表現が常に不適切であるかのような誤解を与えかねないと想った。

会場内から最初に「いかがなものか」と指摘された方が（「いかがなものか」という「指摘」も曖昧《あいまい》であることこのうえないが）、どのような意味で問題提起されたのか、そして司会者はそれをどのように受け止めて、不適切性を判断され、それを会場内にアナウンスする必要性を感じたのか、それらの点を説明したほうがよいと想ったのである。

人の身体の部位にかかわるさまざまな表現がある。そして、その表現がマイナス価値の代名詞や比喩として用いられる場合は、身体の障害がある人への差別感を助長することがあるから、その点は丁寧に考えて人を傷つけることのない表現をできるだけ吟味したいと想う。だが、私は「舌足らず」という表現が、常に「差別性を帯びていて、この表現を用いることは不適切」ということはないと想う。もちろん「舌足らず」に差別性を強く感じ、それを指摘する人の主観は否定しない。「舌足らず」に「傷ついた」という人がいるかもしれない。そのときは、その方と誠実に対話することこそが大切なのだと想う。ことばを大事にし、表現の自由を守るために、話し手、表現者は常にその表現に込めた想いを説明する責任はあるのだから。

さて、司会者の先の発言を聞いた私は、すぐに旧知の方でもある集会主催者のところに行って、補足説明をしてほしい旨をお願いした。彼は私の趣旨を理解してくれて、補足説明を約束してくれたが、なぜかその後も翌日も司会者からこの件にふれられることはなかった。ちょっと残念だ。

自分で考えることこそ

実はこの点に大いに関係することを、前回本誌八月号で西谷さんが書かれている。西谷さんは「『休暇』を見る」と題されて、映画「休暇」に描かれた受刑者の死と直面する刑務官の日常（ある意味では多くの人びとにとっての非日常）と苦悩にふれ、「国家が人を殺す」ことに関与することにもなる裁判員制度も脇に置きながら、「人の死を抽象的にとらえてはいけない」とされている。個別具体的な、自分にかかわる死を通して考えることの重要性という意味だろう。

また、表現を大切にする西谷さんならではの視座を示されているのが、「屠所の羊」表現に関して、「凄惨な場としての比喩に問題があるのは、表現者として見た場合、実態を知ることもなく、古くから使われてきた手垢《てあか》のついた表現を臆面もなく使う、ということにこそあるのではないか」というくだりだ。表現をするにあたって自分で考えない、想像しない、思考停止状態の結果としての差別行為を厳しく指摘されている。さらに加えて「どんな場合であっても、無知や無意識によって相手を傷つけるような表現や行為があってはならない、だろう。しかし、知ったがゆえに、自縄自縛に陥ることもまた、避けねばならない」と、ここでも表現者の主体的判断の重要性を指摘されているのである。

最後に西谷さんは「『差別感情』はだれにもある。それをもつなと言ったり、悪いことだと言うのは無意味なのではないか。そうではなくて、もったという事実を認めたうえで、どう行動するかではないだろうか」と結ばれ、ここでも自分を見つめ掘り下げ、考える自己省察を厳しく指摘された。これらに共通しているのは「私」という視座ということだろう。

私は主語を一人称にして自分を語るということが、人権啓発のある意味真髄だと想っているのだが、西谷さんの描かれる私という視座に近づくことができたらうれしいと想う。

２００９年９月号（２５８号）

「表現すること」をめぐって

N

昨晩はどう過ごされましたか。

なんの変哲もない質問にみえる。しかし、この一見何気ない質問から、裁判員裁判の重圧、裁判員裁判の裁判員として感じた真情が十分に伝わってくる回答が得られた。日本初の、裁判員裁判の判決直後の、裁判員に対する会見でのことだ。「昨日は、午前三時まで眠れなかった」「家族にあらためて感謝した」「裁く重さをあらためて感じた」などの心情が吐露されて、裁判員としての苦悩や制度に対する課題も見えた瞬間だ。これが質問の妙というものだろう。

問うこと

辻井伸行《つじいのぶゆき》さんという方が有名なピアノコンクールで優勝して、話題となった。全盲のピアニストなどと評判になった。たしかに、両の目でしっかり鍵盤が見える人間からみれば、視覚の助けなしにピアノを弾くということ自体、奇跡的と感じられる。まして、ピアノなど片手でも満足に弾けない身にとってはなおさらである。そして、人柄である。辻井さんの、明るく屈託のない（ように見える）風情は、ご両親の十分な慈しみのなかに育った幸福を感じさせるとともに、まわりの者になんともいえぬ温かい空気を伝える。

辻井さんの、日本に帰ってからの歓迎インタビューが、ひとしきり話題になった。それは「もし一日だけ目が見えるとしたら、何が見たいですか」というものだ。なんという無神経な質問をする、とこの質問をした女性記者は、総スカンだ。小説家でもある、ある自治体の首長は、「傲岸で、無神経だ」「記者としての資質を疑う」とこの質問者を斬ってすてた。ネットなどでは、その女性記者の所属企業や経歴がまことしやかに流れた。それは、また彼の回答のすばらしさによってさらに際立たせられることになった。

彼は、こう答えた。「一番は両親の顔、あとは星や海、花火が見てみたい。でも、いまは心の目で見ているので十分満足しています」

しかし、これはセットで考えられるべきものではないか。その質問の良し悪しは、結果として引き出した答えによる、のではないか。つまりは、いい答えを引き出した質問がいい質問なのである。この質問も、辻井さんが、一瞬顔を曇らせ、つらい表情を浮かべたとしたら、そして答えに窮したとしたら、それこそとんでもない無神経な質問ということになる。

いや、彼は大人の対応を示したのだ。心は煮えくり返っていたにちがいない。それはわからない。わからないからこそ、その答えが重要なのだ。聞くところによると、彼は、そのような発言をしたことがかつてあったらしい。それを父親が述べている、という。おそらく、そのインタビュアーは、知っていたにちがいない。いや、知っていたかどうかは実は重要ではない。繰り返すが、結果が大事なのだ。重要なのは、ここで表れた彼の「ハンディキャップをとくに意識したことはない」という強さと、同じ障害がある子どもたちに「ポジティブに好きなことに取り組んで」とエールを送る、人生に対する前向きなひたむきさ、を汲《く》み取ることだろう。

日ごろ「人権」について意識的でありたいと思っている人間は、ともするとこのような質問に出会うと、まずその質問の無神経さを口をきわめて非難しがちだ。非難することに夢中になって、本来拾いあげるべきすばらしさを見失ってしまいがちだ。それでは、元も子もない、のではないか。

記事をめぐって

研修の題材として格好のものに新聞記事がある。よく利用されている。新聞記事は、まさに世相を映す鏡として、さまざまな人権問題に有用な材料を提供してくれる、このうえなく便利なツールだ。しかし、なかには誤解を生みかねないものもある。

一例をあげる。話題になるもののひとつに「しょうがい」の表記がある。先日もある新聞記事を見ていたら、文化庁の文化審議会国語分科会で論議されている常用漢字の見直し案で、

「碍」の字の追加を求める意見要望が多く寄せられているという記事があった。「〝害〟には誤解も多い。そのひとつが『当用漢字に〝碍〟の字が入らなかったため、戦後になって〝障害〟という書き方が登場した』との説明だ」

そして「障害は必ずしも戦後に生まれたわけではないようだ」と結論づけている。

この記事は、当用漢字の性格も、戦後の国語改革の流れも、ましてや「同音の漢字による書き換え」という国語審議会報告にもふれていない。当用漢字は、その後の常用漢字が「目安」とされたのに対し、「基準」として示されたものだ。したがって、いわゆる表外字を使わないように努め、かな書きにするか、同音の漢字での書き換えが求められた。

そして、先の報告の例示として「障碍→障害」があがっている。このことが重要なのである。戦前の文献に「障害」の表記が見られる、などということは、大きな問題ではない。それをいえば「障礙」などという表記もあるのだ（この字も意味は「妨げる」だ）。

ここで重要なことは、障碍ではなく障害という表記が定着するにあたっては、前述のような戦後の国語政策の流れがあり、それをふまえたうえで、現在提起されている「害」の字使用の是非を論じる必要があるということだ。

前述の新聞記事のようなミスリードが逆に混乱を招く。読者としても心すべき点だ。もちろん、そんな表記上の問題はどちらでもよく、むしろ障害のある人たちに対する実体的差別をこそ論ずるべき、という正論もよくわかる。また、こういう議論をすることで障害のある人にかかわる問題を顕在化させる意味合いがあるという意見にもたしかに理はある。

表現に敏感でありたい

私たちは、よく「表現に敏感でありたい」と口にする。「表現に敏感である」とはどういうことか。

「表現に敏感である」とは、表現する側からいえば、受け手の側の受け取り方のさまざまな様態を隈《くま》なく考慮してみることであり、受け手の側からいえば、表現者のそこで表現したかった真意を過不足なく汲《く》み取ること、だろう。

この「表現に敏感であること」に関して、最近気になることがある。何にむかって発信しているかということに、あまりに無自覚なことが多いのではないか、ということだ。

たとえば、ブログという表現形式は、その性格づけがあまりにあいまいなため、気になる表現に出会うことが多々ある。

ロビンソン・クルーソーの考えたことや彼が孤独に苛《さいな》まれて叫んだであろうことの多くを私たちは知りえない。彼が発表の意識と方法を所持したときにのみそれを知りうる。日記という表現形式は、方法においてひとつであるが、発表を意識する度合いにおいて、個々に濃淡がある。私的でありながら私的でない。そのことが十分に意識されていない場合がみられる。表現行為において、他者がいるかいないか、これは決定的な差になるはずだ。表現行為において表現者の他者を意識する度合いは、グラデーションスケールのようにゼロから一〇〇パーセントまで連綿と連なっているようにみえるが、それが現実に他者の眼にふれるかふれないかによって、表現上、はっきりと断絶があるはずだ。受け手が忽然《こつぜん》と現れてくる。そのことによってはっきりと変わってくる。受け手が厳然と存在する以上「そんなつもりはなかった」とは言えない。「誤解」や「曲解」は、書き手が引き受けねばならない。

文字を発明した人間は、紙をもち、やがて瞬時にそれを増殖させる印刷技術をもち、いま圧倒的な数とスピードをもつネットという世界を手に入れた。ここで決定的に違ったのは、情報の選別がすべて受け手にゆだねられてしまったことだ。圧倒的多数の情報の海のなかから受け手自身がその責任において輝く宝石を見つけださねばならない。印刷という技術を用いる場合、そこにコストが発生する。コストに見合うかどうかの判断が送り手に求められる。それはひとつの関門として働くだろう。怒りにまかせて、あるいは他人を陥れるため、印刷技術を利用しようと企図しても、そこにコストの壁が立ちふさがり断念するかもしれない。またその（印刷という）手段を保有している者の良心が働くかもしれない。発信する側にとってのすべての障壁が取り払われていると同時に、受信側にとっての防護壁がない状況がネット上の世界である。

「夜中の名作」といわれる。深夜、昂揚《こうよう》した精神のなかで「世紀の名作」を書き上げ、一睡した翌朝あらためて読み直し冷汗をかくという例は多い。また、恋文を郵便ポストに持っていく途中で翻意した経験のある人もいるにちがいない。いま、昂揚した精神のまま、キーボードをたたけば、その産物は瞬時に世界を駆け巡る。

表現すること、そしてそれを受け取るということは、このうえなくむずかしい。

２００９年10月号（２５９号）

『アイヒマン調書』を読む

遠い記憶

アドルフ・アイヒマン。懐かしい名だ。いや、「懐かしい」という表現が、たとえば懐旧の情というように、いささかでも肯定的な響きをもつとすれば、使うべきではないのかもしれない。しかし、私という個人にとって、この名が遠い記憶の底にしっかりと刻印されていたことは、間違いがない。

たぶん、小学生時分だろう。この名をもつ人物が遠いアルゼンチンで逮捕された。子どもの私にとって驚異だったのは、その人間が、彼の生まれ故郷の国ではなく、遠い南米の地で拘束されたという事実だ。しかも、戦争犯罪ということで。

私の小さい時分、東京でも、繁華街では街角に募金箱を持った傷痍《しょうい》軍人の姿を見かけることがあった。その意味では戦争というものが、感覚としてまったく日常性のかなたに存在していたわけではない。

しかし、戦後一五年もたって外国で逮捕・拘束されることなど、メディアが伝える「アイヒマン逮捕」の報道の大きさとあいまって、当時、尋常ならざることとして、違和感を伴って私の記憶にしっかりと刻み込まれるのに十分な出来事であった。

一九六二年、彼が処刑されたときの記憶は、このときに比べ、それほど強烈ではなかったような気がする。

そのアイヒマンのイスラエル警察による尋問録音記録が今年翻訳出版された。このナチス政権下、ユダヤ人虐殺に「実務的に重要な役割」を果たしたとされる人物の、戦後一五年を逃げ延びて、その間家族とともに異郷で生活を共にしたあとに、拘束、裁判にかけられようとするときの心情、自らの生の総括はいかなるものであったか。

多くの人びとにとって、関心のある事柄であるのは間違いないことだろう。だからこその、現時点での翻訳出版でもあるのだろう。

アイヒマンに対しては、さまざまな学者の研究がある。自己の責任を認めず、言い逃れや詭《き》弁《べん》を弄しての責任回避は、実態以上に自己を卑小化することによって、自身の心的安寧《あんねい》をも獲得している、防衛反応である、ともいう。その心性は、心理学者や精神医学者の研究の対象とされてきた。そして、アイヒマン裁判のなかで人びとの目に映ったのは、ナチスの残虐行為、ホロコーストという現実のすさまじさと同時に、そのなかで果たした役割の大きさと、眼前に実在する人物の卑小さとのあまりに大きなギャップであったのだろう。

アイヒマンは、ある歴史状況のなかに現れた特異な存在であったのかもしれない。と同時にだれの心のなかにも棲《す》みつきうる心性の極大化である、とも感じるのである。そのことを、読者に厳しくつきつける迫力を、この尋問記録はもっている。

ホロコースト記念館

先般、福山《ふくやま》市での集会のおり、同市にあるホロコースト記念館を訪れた。JRの駅を降り、川沿いの土手を歩いていると、のどかな地方都市の風情が、豊かな気分を味わわせてくれる。そんななかにこの記念館はあった。

この日本で最初の、ホロコースト教育センターとして一九九五年に開館した記念館は、地方都市の、交通の便がいいとはいえない場所にありながら、すでに一〇万人を超える入場者を迎えている。

この記念館は、『アンネの日記』で知られるアンネ・フランクの父、オットー・フランク氏との出会いによって生まれたという。そしてまた、「一人ひとりが自分自身を変える努力をしてください」というアンネのことばに動機づけられている、という。

同じ県内広島市には、広島平和記念資料館がある。唯一の被爆国日本の、被爆体験を伝える資料館の意味は計りしれないものがある。同時にまた、同じ大戦時の愚行たるホロコーストの悲惨を伝える記念館が、県内第二の都市たる福山にあることの意味もまた大きい、だろう。

この記念館の、アンネ・フランクの日記を材質にもこだわりながら複製したものや、彼女の暮らした隠れ部屋の再現コーナーなどの興味深い展示物や解説のなかに、ヴァンゼー会議にふれたものがある。

ヴァンゼー会議。一九四二年一月二〇日、ベルリン郊外のヴァンゼーで開催され、「ユダヤ人問題の最終解決」が確認された、とされる会議である。出席者一五名。そのなかにアドルフ・アイヒマンもいた。この会議を契機としてユダヤ人の収容所への大量移送や組織的殺害は激化する。そして、家畜列車を使っての「効率的移送」などのプランニングに参画したのがアイヒマンとされる。彼自身は、歯車の一枚を強調するけれども、大きな役割を果たした歯車であることに変わりはない。

夜と霧

この記念館を訪れる前、アラン・レネ監督の映画「夜と霧」を見る機会があった。ナチズムを告発するこの記録映像は圧倒的な迫力をもって迫ってくる。日本での初公開時、数分間のカットがなされたというのもうなずける。まず、ニュースフィルムなど、当時このような映像が記録されていたことに驚かされるし、この映画製作時の撮影フィルムとの巧みな構成による迫真性には、ドキュメンタリー映像ならではの得心力がある。ひとは、このような行為をなし、さらにはその映像が残されてさえいる……。

ヒトラーの「夜と霧」作戦に由来するというこのタイトルは、V・E・フランクルの同名の書によっても知られている。いま、私の手元にあるのは、霜山徳爾《しもやまとくじ》訳の旧版だが、原著の改訂をふまえた池田香代子《いけだかよこ》訳の新版も、現在は出ている。旧版の帯にはこうある。「〈評する言葉もないほどの感動〉と絶賛された史上最大の地獄の体験の報告。人間の偉大と悲惨を静かに描く。」

史上最大の地獄の体験、とはだれにとっての体験であったのか。これは、決してフランクル個人のものではないし、当時を生きた人びとだけのものでもない。「報告」を受けたすべての人びとの「体験」として共有されるべきはずのものだ。

この書の原題は、「強制収容所における一心理学者の体験」である。翻訳刊行にあたって、強制収容所の全貌をより簡潔に象徴すると思われる、このタイトルにしたとの解説が同書にある。その「夜と霧」作戦とは、「非ドイツ国民で占領軍に対する犯罪容疑者は、夜間秘密裡《り》に捕縛して強制収容所におくり、その安否や居所を家族親戚にも知らせないとするもので、後にはさらにこれが家族の集団責任という原則に拡大され、政治犯容疑者は家族ぐるみ一夜にして消え失《う》せた」（同書）とある。この記述を見るかぎり、いくつかのことばをさしかえれば、共通する出来事は歴史のなかにいくつも垣間《かいま》見える。

いま何を

私たちは、現地研修に出かける。そこで、何を獲得するか。たとえば、企業の人権担当者にとって、焦眉の問題は、ハラスメントや障がい者にかかわる問題であろう。戦争は、最大の人権侵害とは、よくいわれることばではあるが、現在ただいまの日本の多くの人びとにとって、切迫感のあるものではない、のではないか。

原子爆弾の被害は、決して風化させてはならない体験ではあるが、ホロコーストについては、実感として自身の問題としてとらえることは、容易ではない。

また、ハンセン病回復者の人びとの問題や性同一性障害の人びとにかかわる問題は、人権問題であるとの認識はもてても、優先順位は高くはないと思っているひとも多いだろう。

しかし、だからといって、そこから学ぶべきものが少ない、ということにはならない。大島《おおしま》青松園《せいしょうえん》に行って学びうることと多磨全生園《たまぜんしょうえん》で学びうることは違うはずだ。いや、大島青松園だって、初めて行くときと二度目では、見えてくるものは違うはずだ。時として、そのことを私たちは忘れがちだ。そして「行ったことがある」などと、したり顔をしたりする。

大事なことは、オットーさんのことばを借りれば、「同情するだけでなく、平和をつくりだすために何かをする」ことだ。この平和の部分を読み替えれば、あらゆる人権問題に共通する。そして、そのためにこそある「学び」であるはずだ。そのことを忘れてはならない。

アイヒマンについて、こんな話が伝えられている。処刑前、最後の望みを聞かれたアイヒマンは、「ユダヤ教徒になること」と答えたという。理由は、「また一人ユダヤ人を殺せる」だったという。あまりにグロテスクな話だ。もちろん、このエピソードの後ろには、ホロコーストの犠牲になった多くのユダヤ人の怨嗟《えんさ》が込められている。

しかし、いま私たちにとって必要なことは、アイヒマンの特異な部分に着目するのではなく、わがうちなるアイヒマンを見つめること、あらゆる課題を自己に引き付けて考えることである。このことこそ、人権問題をわがものにするうえで、もっとも重要な事柄なのではないだろうか。アイヒマンは決して「遠くの人」ではない。

2009年12月号（261号）

T

同和教育から人権教育へとはいうけれど

全同教

昨年の全同教の研究大会は天候に恵まれた。三重県四日市《よっかいち》市を中心とするエリアで開かれた今次大会は、主催者団体である全国人権教育研究協議会が、その名称を「同和教育」から「人権教育」へと変更をして最初の大会となった。大会は、全体会と分科・分散会とで構成され、昨年一一月末に開かれたのであるが、例年この時期は寒風吹きすさぶ、学校体育館などを分科・分散会場にして行われるので、肌寒いという印象が強い。震えながら報告者の報告に聴き入るということも少なくない。地対財特法が法期限切れとなったいまなお、それでも毎回二万人近くの人びとを惹《ひ》きつける。

この大会が私を惹きつけるのは、教員の方々が、同和問題はじめ、在日外国籍、障害、性、保護者の虐待などなど、実にさまざまな生活課題を有する子どもたちやその保護者と向き合い、寄り添い、共にあって、格闘し、涙し、苦悩し、時にそこに大きな喜びを見いだすこともあるなどの実践が、実に豊かに語られるからである。また、報告を聴く側の参加者がそこに自分の実践を重ねて、報告者のレポート内容に対して厳しく質《ただ》したりするということも、相互の真摯な取り組みぶりを如実に教えてくれるものだ。それらが大きな感動を呼び起こすこともあったりする。こうした真剣な人権への取り組みを間近に受け止めることは、企業のなかで人権に取り組む私にとって大きなエネルギーになるし、元気の源だ。だから全同教に参加したら、分科・分散会に参加しなければつまらない。

ただ、昨年の大会参加時には、いつもの分科・分散会ではなく、あえて特別分科会として開催された「みえ人権フォーラム」に参加した。

パネルディスカッションとして企画されたこの催しは、パネラーに落語で人権を語ることで著名な露《つゆ》の新治《しんじ》師匠と、『あした元気になあれ』の著作で知られる地元の「反差別人権研究所みえ」の松村智広《まつむらさとひろ》さん、それにコーディネーターが参加型人権学習の実践研究の第一人者の大阪教育大の森実《もりみのる》さんで、私が存じ上げている方が三名も壇上にあがられるということになり、並行して行われる数多い分科・分散会メニューと比べても、迷うことなくここに参加することを決めていた。このメンバーなら他会場の「実践報告」に劣らないエネルギーをもらえると期待できたからである。で、朝早めに会場の四日市市文化会館に行くと、すでに開場待ちの長蛇の列ができていた。中の大ホールは一千数百名収容の大きな会場であったが、通路まで人が座り込むという大盛況ぶりであった。

森さんの軽妙で的確な進行とともに、先に述べた二人以外のパネラー、大阪教育大の園田雅《そのだまさ》春《はる》さん、八尾《やお》市曙川《あけがわ》中学校の土田光子《つちだみつこ》さんというお二人も、いずれも松村さんのお声かけに呼応してこの場に出席されたという、なるほどとうならされるばかりの研究成果と教育者としての実践をふまえられた、聴衆をひきつける内容と、話術と情熱をお持ちの方々で、二時間があっという間であった。いくつものすてきなキーワードと気づきを与えられた。

ただ、この誌上で当日のパネラーとコーディネーターのやり取りを、どなたが何を語られたのかという意味で忠実に再現することはもちろんできないし、小論の役割でもないと思う。ここでは、当日話し合われたテーマについて私が感じていることを述べることとしたい。

同和問題を機軸に

最初のテーマは、地対財特法の期限切れごろからとくに顕著になった、「これからは同和教育から人権教育へ」という流れをどう考えるかという点だった。これについては、私は自身の取り組みの経験から、「同和問題を機軸に、さまざまな人権に学び、取り組む」ということを大事にしたいと思う。

まず、陰湿な部落差別は厳然と存在する。『全国のあいつぐ差別事件』という書籍が残念ながら毎年刊行されるほど、差別事象はある。土地差別調査事件や、採用にかかわる不適切面接、インターネット上での差別書き込み、落書きなどは枚挙に暇《いとま》がない。それを見ないように、見えないようにする勢力も一部存在するが、部落差別事象はある。そして、部落差別こそは「部落地名総鑑」購入事件の惹起《じゃっき》という、企業の今日の人権への取り組みのきっかけでもあった。だから、部落差別をまず核にすえて、科学的に、かつ感覚的に差別の残酷さと非人間性という、差別の不当さを明確にしていかなければならないと想う。少なくとも「みんな仲良く」といったムード的な「人権一般」、いわゆる「部落問題抜き、差別問題抜き」では部落差別はなくならない。

一方で、部落差別の存在とその克服の道筋を考え啓発に取り組むなかから、私は在日外国籍やさまざまな民族、障害のある人びと、性、特定疾患からの回復者などなどにかかわる幅広いさまざまな人権問題と自身の関係が見えてきたことも事実である。そしてこれらの人権問題と部落差別とを比べて、その軽重を論じることは意味がないと想う。それぞれの人権問題が当事者にとって喫緊の課題であり、一般論としての問題の重要性に差などはないというべきだ。

ただし、「啓発、教育」という視点で考えるときには、「部落差別を解決することができる世の中ならば、その他の人権問題も克服することができる」ということはいえるだろう。

人権問題から問題を除く

さらに今日では、「さまざまな人権問題」への取り組みを進めつつ、加えて「人権問題」から「問題」を取り除いた取り組み、すなわち人権プロブレムではない「人権」への取り組みが重要だ。言い換えると「人権」なり「一人ひとりが個として尊重される」ということの意味を、具体的なことばを通して考えて、そして語ることだ。「みんなちがって、みんないい」「多様性・ダイバーシティ」「自己表明権」などのことばで表される、いわば人権のプラスの面を大切に語っていくことが重要だと想う。

露の新治さんは「自分の人生、自分が主役」という言い方をされていた。別のところで部落解放・人権研究所理事の友永《ともなが》健三《けんぞう》さんは「人権は自己実現」と言われたことがあった。財団法人人権教育啓発推進センターの田中正人さんは「存在と意思」と言われた。これらから、人権を身近なことばで考え、語ることを教えていただいた。「あなたらしさ」「あるがまま」「そこにいていいんだよ」と認め合うという「人権」。

この点について私は社内で「言っていいんだよ」という言い方をしている。自分の考え、想い、しんどさを発信できることは人権だと想う。すべての人権啓発担当者が、自分のことばで「人権」を語り、そのことを通じて、より高次な人権を紡ぎ出せたら、とてもすてきだと想う。そうすることによって、人権は一人ひとりのものということを実感できるのではないか。

わがこととして

二つ目のテーマとして語られた主要命題を、私は、「わがこととして考える」の重要性と受け止めた。

実はこの点については、本誌前号で西谷さんが、アイヒマンについて述べられていることが心に残る。西谷さんは「いま私たちにとって必要なことは、……わがうちなるアイヒマンを見つめること、あらゆる課題を自己に引き付けて考えることである。このことこそ、人権問題をわがものにするうえで、もっとも重要な事柄なのではないだろうか」とされた。ナチス親衛隊の中枢にあって、ユダヤ人大量虐殺に絡んで、とくに強制収容所移送を指揮したアイヒマン……。そのあまりに「実直」とされる命令服従ぶりは、戦争という狂気のなかでの思考の伴った責任ある行動というべきなのか、それともそもそも人間としての理性を失った思考停止状態であったのかは私にはわからない。

ただ、西谷さんが指摘された「わがうちなるアイヒマン……」とは、私の場合は少なくとも、ある一定の状況のもとでは、たとえば「愛する家族を事実上、人質にとられたような状況下で、権力からの抗しきれない指示、命令」である場合などは、アイヒマンにならないとはいえないし、そうでなくとも、目の前のさまざまな人権をめぐる事象と自分とのかかわりを丁寧に考えず、正当に抗することを怠ったときに、すなわち言うべき「否」を言うタイミングを逸したときに、いつの間にかアイヒマンになっていたなどということはあるかもしれない。だから、そうした愚はなんとしても避けたいものだと想う。

すなわち、思考停止状態に陥らないということがきわめて大切なのだということだ。卑近な例をいえば、世間体へのとらわれだとか、身の回りの因習などに対して、「みんなそうしている」「昔からそうやっている」などということで、安易に流されないことが大事ということだ。少なくとも西谷さんの言われる、「わがうちなるアイヒマン」を見据えることの自覚は、そうした事態を招かないためにきわめて大切だと想う。

コーディネーターの森さんの「みなさん、この会場の扉を出たところから、今日のこの会場の成果を振り返り、それぞれの現場のどこにどうやって生かすことができるか考えよう、持ち帰ろう」ということばを胸に刻んだ。

次の全同教がいまから楽しみである。

2010年1月号（262号）

『説経節』を歩く

N

雨集め太りゆくなり熊野川
かくのごときに生きたきものを

道浦母都子《みちうらもとこ》、九年ぶりの歌集『花やすらい』の一首である。この歌に誘われたわけではないが、過日、熊野《くまの》を訪れた。

道浦母都子は、私たちの世代にとっては、特別な存在である。技術的な面に対する岡井《おかい》隆《たかし》の厳しい批評はそのとおりなのだろうが、そうしたものを超えた何かが道浦にはある。

雨の新宮

三瀬谷《みせだに》ダムを過ぎたあたりから、列車は、両側に迫るかすかな紅葉の狭間《はざま》を走る。しかし、長くは続かない。長い鉄路が平地のなかをまっすぐに伸びたなかをひた走る。行き着く先は新宮《しんぐう》。

地元の人はいまでも「陸の孤島」という表現を使う。たしかに遠い。東京から六〇〇キロ。四〇〇キロの名古屋までは二時間で行く今日、その先三時間一〇分はかなり長い。一九五九年、紀勢《きせい》線が全通するまで文字どおり「陸の孤島」だった。

そして、これも地元の人のことばを借りれば、「猫の額」ほどの狭い土地のなかに悠久の歴史が棲《す》んでいる。その二六〇平方キロメートルほどの真ん中をかつて臥龍山《がりゅうさん》という低山が南北に分けていた。臥龍山は、何度かの事業の末、いまはもうない。そして、元来、新宮とはその北の部分のみをさした。南半分は熊野地といった。新宮を山の手とすれば、こちらは下町。熊野川河口に広がる材木の集積場を中心に栄えたところだ。速玉《はやたま》大社前にある川原家《かわらや》横丁が往時の賑《にぎ》わいを偲《しの》ばせる。

新宮駅に降り立つと目に付くものが二つある。ひとつは踏み切りの際に立つ大きな看板。大《おお》石誠之助《いしせいのすけ》、高木顕明《たかぎけんみょう》……。八名の氏名と業績をつづった大きな選挙ポスターの掲示板のような郷土の偉人の顕彰板。

そしてひときわ目立つ中国風の極彩色の楼門。徐福《じょふく》公園である。始皇帝《しこうてい》の命により不老不死の薬を求めてはるばるとやってきたとされる徐福。日本各地にその名を残す。その数約三〇カ所という。

駅前の看板に頼るまでもなく新宮といえば、佐藤春夫《さとうはるお》、中上健次《なかがみけんじ》、大石誠之助、高木顕明……。そうか、近年では新宮といえば中上健次、ちょっと前なら佐藤春夫だ。いま、大逆事件一〇〇年ということで、俄然《がぜん》注目を浴びているのはいわゆる新宮グループ。このフレームアップは、横浜事件を経て、現在の志布志《しぶし》事件などへ連綿と連なっているかのようにみえる。一九五九年、紀勢線がつながるまでの新宮は、まさに陸の孤島。まさに志布志との共通性を思わせる。

湯の峰温泉

新宮から車で一時間ほど、熊野三山本宮《ほんぐう》。その近くに湯《ゆ》の峰《みね》温泉郷がある。湯の峰の壺湯《つぼゆ》は湯筒という高温の源泉自噴口があり、茹《ゆ》でた温泉卵を観光客に提供している。またこのあたりには、小栗判官《おぐりはんがん》がここまで使用してきた土車の車塚、力試しをした力石など、ゆかりのものも少なくない。

ハンセン病の人たちが差別と無理解に苦しんできたのは、過去のことではない。そのことは、この湯にまつわる数々の伝説が伝えているところでもある。そうしたもののひとつに説経節《せっきょうぶし》『をぐり』がある。

小栗判官

説経、あるいは説経節といっても、もはやなじみがない。小さいころ、安寿《あんじゅ》と厨子王《ずしおう》の物語として、大人の話や絵本で聞かされた程度だ。あるいは森鷗外《もりおうがい》の『山椒大夫《さんしょうだゆう》』を通してであろうか。それらは、多くの場合、結末はやや異なる。

話に聞く小栗の判官は、照手姫《てるてひめ》に土車を引かれ、ようやくたどり着いた湯の峰の壺湯に浸かり、病癒える。「ひとひき千僧供養、ふたひき万僧供養」と唱えながら。しかし、説経の『をぐり』では、必死の思いで五日の休みをもらったにすぎない照手姫は岐阜の青墓《あおはか》というところから大津《おおつ》のあたりまで土車を引いてきて引き返すことになる。もちろん、いまは餓鬼阿弥《がきあみ》と変じた、土車の病者が夫・小栗とはしらぬままに、である。

さんせう太夫が竹ののこぎりでひき殺されると同じように、仇《かたき》・横山殿の三男の三郎は、簀《す》巻《ま》きにされ水中に投げ入れられる。この応報劇の厳しさは現代とは違うところだろう。

中世のいわゆる「らい者」が、疎外され差別されていた、と一義的に考えるのは、私たち現代人の傲慢ではないだろうか。照手姫が、土車を引くのは、一〇人の小栗主従の功徳を求めてではあるが、土車を引いて三日目の夜、宿をとらず餓鬼阿弥の車のわだちを枕として寝るのである。ここでの心情は、小栗に対する思いというよりも、純粋に餓鬼阿弥に対する情であろう。

この中世の唱導文学の惹起するものは大きい。

小栗の物語

説経節では、小栗の物語は以下のような展開である。

小栗判官は、商人・後藤左衛門の斡旋により照手姫と婚姻を結ぶ。しかし、照手姫の両親や親類縁者の承諾を得ていなかったために、その親・横山殿の怒りを買う。人食い馬・鬼鹿毛《おにかげ》に食《は》ませようとするが失敗した横山殿は、酒宴にことよせ、小栗を毒殺。世間体を気にした横山殿は姫をも水死させようとする。

あやうく難を逃れた姫にそこから苦難の生活が始まる。人買いに売られ転々とするさまは、安寿と厨子王を思い出させる。しかし、その間も小栗への貞節を守るため、遊女になることは拒否する。

一方、地獄で閻魔《えんま》大王の裁きによって現世に戻ることになった小栗は、土車にのる病者・餓鬼阿弥として蘇生《そせい》する。ただし、湯の峰の壺湯につかれば快癒するとの希望は残っている。その胸には「一引き引いたは千僧供養、二引き引いたは万僧供養」という書付をかけている。

湯の峰に向かう道中、そうと知らぬ照手姫に土車を引かれることになる。三日引いた照手が残した、帰りにはぜひ立ち寄ってほしいとのメッセージが、快癒して小栗に戻った餓鬼阿弥に照手との再会の機会を与えることになる。

かるかや

部落解放・人権夏期講座が毎年開かれる高野山《こうやさん》。山上の壇上《だんじょう》伽藍《がらん》から奥院《おくのいん》にいたる道の半ば、宝幢院《ほうどういん》谷のあたりに苅萱堂《かるかやどう》がある。その苅萱道心《どうしん》・石童丸《いしどうまる》の父子の物語を絵解きされた回廊をめぐり悲譚に心動かされる、あれもそう、説経節なのだ。

中世のささらを鳴らし、羽織に大傘という風体の説経の者や、比丘尼《びくに》が語った説経節は、つまりは寺社の縁起にかかわる落ちにいたるのだろうが、登場人物の苦難の人生は、中世庶民の置かれた苛酷な状況を彷彿《ほうふつ》させるのに十分だ。

この『かるかや』でいえば、高野山の谷々に住む高野聖《こうやひじり》の間で語られた物語がもとになっているのではないかとの説もうなずけるところではある。が、それにしても、根底に救済ということがあるにせよ、土車という足の不自由な人の乗り物を、なにゆえ多くのひとが引いてくれるのであろうか。閻魔大王の裁きによってよみがえったとはいえ、この段階の小栗は決して尋常の風体ではない。それを多くのひとが引いて青墓から延々と熊野本宮の湯の峰までいたるのである。これを信仰の前には病感染の恐怖も飛ぶととらえるか、近代以降の庶民の病者に対する感覚との違いととらえるか、即断はできないのではないか。

しかも、この親子にまつわる事跡は、刈萱道心が生涯を閉じたとされる長野市にも、ゆかりの地蔵尊などがあるのである。

しんとく丸

説経節と湯の峰温泉の壺湯ということでいえば、五説経のひとつに数えられる「しんとく丸」もそうだ。継母の呪いによって目が潰れ、「らい者」となったしんとく丸が、清水のご本尊のお告げによってめざした先も、この湯の峰の霊泉にほかならない。しんとく丸の場合は、結局、天王寺《てんのうじ》で乙姫《おとひめ》とめぐり合い、病平癒にいたるのであるが、病者としてのしんとく丸がめざしたのが湯の峰であったという事実は変わらない。この霊験あらたかな湯が、単に日本最古の温泉といわれるからということのみではその説明にならないだろう。

人の営みのなかには、徐福に不老不死の妙薬の探索を命じた始皇帝のような思考もあるし、大石誠之助のような死もある。そして、霊験を求めて集まってくる病者がいて、その本望を助ける他者がいた。

訪れた熊野川は、まさに太っていた。ドクトル大石こと大石誠之助の大石医院跡の裏手の土手から見る熊野の大河は雄大そのものであった。おりからの豪雨にその雄大さはいやましたようにみえた。その流れを見ながら、冒頭の一首を歌ったのが、若い日の道浦ではなく、アラウンドシクスティの彼女であることにもまた勇気づけられる思いがしたのである。

２０１０年２月号（２６３号）

この夏、サッカーワールドカップがあった

T

ヒロシマ

夏がくれば思い出す……、夏と聞いて何をイメージされるだろうか。麦藁《むぎわら》帽子、ランニングシャツと半ズボンにゴムぞうり、降り注ぐセミの鳴き声と白い虫取り網、黄色いひまわりと青い空……。なぜか子どものころのこうしたイメージが鮮烈だ。そして続くヒロシマ、ナガサキ、オキナワ……。

いや、子どものころのイメージはいい、問題なのはヒロシマ、ナガサキ、オキナワを「夏の風物詩」としてよみがえらせてしまう私の鈍磨した感覚だ。なにしろ四〇年前までのこととはいえ、ヒロシマは私にとっては成育地だったのだから。およそ四〇年前の夏、高校卒業式の日の丸、君が代をめぐって侃々諤々《かんかんがくがく》の議論を経て、これらを排した自分たちの卒業式にした、あのときの自分はどこに行ってしまったのだと、頭に拳骨《げんこつ》をくれる。

言ってもいいんだよ

高校三年の夏といえば、普通はクラブ活動や生徒会活動から一線を引いて受験勉強にうちこむものだが、私たちは受験勉強そっちのけで、連日、卒業式における日の丸、君が代の取り扱いをめぐる論議に明け暮れた。その結果かどうか、みんな受験には失敗したのだが、いま想うと、人権担当者である自分の考える、見つめる視座、原点があの議論だった。

当時、私が学んだことは、日の丸、君が代にかかわっては、いろいろな立場、さまざまな意見があるということ、そしてそれは多分に政治的な意味合いを有する論議でもあり、ここで大切なことは、どちらの主張が正しいとか正しくないということではなく、その立場での主義、主張を発信することを互いに認め合い、議論を重ねることが大事なのであり、自分の主張に相手を従わせるとか、力で強制するなどということは決してあってはならないということだった。すなわち、主張する相手がいていいし、自分がいていい、言ってもいいということが「個」の尊重の中身だ、といま私は考えているという意味において、「原点」なのである。

強制はいけません

だから、学校教育現場で、卒業式に際して日の丸掲揚と、起立して君が代を斉唱することを「指導」し、実施されているか教育委員会が細かくチェックし、「違反」教員名を報告させるとか、処罰するなどの締め付けを介して行われる強制は断じて許してはいけないのだと想う。ちなみに私は二人の子どもの卒業式で、起立・斉唱したことはない。

この件については東京都、神奈川県などでも係争中で、日の丸、君が代が歴史的に果たしてきた役割、意義をめぐって立場・意見が分かれ、教員の行動に対する処罰行為などの有効性が争われ、一定の司法の判断が示され、さらに控訴されたりしていることも承知のうえである。繰り返しになるが、私が大事にしたいことは、どちらの立場に与《くみ》するかということではなく、強制はNO《ノー》ということである。教育現場で教師が、そして心ある管理職が、強制力ある職務命令と自己の良心の間で苦悩している。天皇も言ったではないか、「強制はいけませんね」。

前号で西谷さんが「実在しない青少年を守る」を記述されているが、その趣旨は「青少年保護」の名のもとに、第三者が表現を規制することの危険性だろう。その底流にあるのは、やはり「強制はNO」ということだ。

「愛国心」教育をめぐる論議も同様だ。この夏、参議院選挙マニフェストで、ある政党が愛国心教育を掲げていた。さして注目もされず、議論の的にならなかったのは、よかったような、やや残念なような気持ちではある。

「国を愛する」の「国」の意味が問題であるが、自分の国の歴史や文化、伝統を正しく学び、畏敬の念を抱き、また郷土やそこに生きる人びと、山河などをこよなく愛し、大切にしたい、という心を涵養《かんよう》することを、教育目標に掲げることは一応よいと想う。「一応」などとあえて言うのは、この大切にしたい、愛したいという気持ちは、一人ひとりの情念や感性によるところ大であるから、本来の「教育」の趣旨を外れて、教える側とこれを受ける側という力関係が生じやすい、つまりは強制力の働きやすい学校現場で取り扱われることに、危惧の念を抱くということである。

だから「教育目標」に設定はするにしても、問題は方法論で、いかに強制することなく、感性に働きかけうるかということだし、この目標は到達度合いの評価対象にもなじまないことはいうまでもない。

そもそもことさらに「愛国心」などと言わずとも、たとえば、サッカーのワールドカップではサポーターと呼ばれる熱狂的な人びとだけでなく、大勢の国民が関心をもち、「日本代表」の選手が身近な、自分たちの代表としてピッチに立って、勝利めざして懸命に奮闘している姿に、エールを送ったし、元気ももらった。決勝トーナメント一回戦でのＰＫ戦敗退にも、よくがんばったと帰国を歓迎した。この気持ちは「愛国心教育」とは無縁だ。

サッカーワールドカップ

サッカーのワールドカップを主催する国際サッカー連盟には、国連加盟国一九二カ国を上回る、二〇八協会が加盟する。そして、ワールドカップは世界的な注目が集まる一大イベントであり、その集客力、それに関する情報量はオリンピックに勝るとも劣らない。サッカー競技一種目だけということを加味すれば、人によってはオリンピック以上だと言うだろう。私も、国ごとのメダル獲得競争の観のあるオリンピック報道より、純粋にゲームの攻防内容を報ずるワールドカップ報道のほうが親しみをもてた。また国のサッカーの強さ、人気度が、経済力や外交上の国際位置づけとも必ずしもリンクしないのもおもしろいところだろう。

今年の大会は初めてアフリカの地での開催となった。二〇一〇年サッカーワールドカップ南アフリカ大会。この大会のメインスローガンは「Ke Nako. Celebrate Africa's Humanity」。Ke Nako は「そのときがきた」の意だという。つまり全体の意味は「アフリカ人であることを誇りうるときがきた」（江嶋修作さん訳）だ。

開催国南アでは、一九四八年から法制化されたアパルトヘイト（人種隔離政策）で、いたるところで白人が黒人よりも優先される人種差別主義政策が「合法的に」なされてきた。一九九四年にすべての関連法規が廃止されたとはいえ、国連をして「人道に対する犯罪」といわしめたアパルトヘイトと、そこに流れる黒人蔑視観こそは、文明に取り残されたという意味で差別的に「暗黒大陸」と呼称されたアフリカ全体の象徴的イメージでもあった。そのアフリカで世界中の人びとが注目するサッカーのワールドカップが開催される……。まさに「アフリカ人であることを誇りうるときがきた」なのだろう。

大会は一部審判団の誤審が取りざたされたりしたが、当初いわれた現地の治安問題などもなく、少なくともアフリカの地での一大イベントはほぼ円滑な運営、成功裏に終わったことは記憶に新しい。ただ、それにしても、先のスローガンをほとんど報じなかったマスコミの姿勢はどうしたことだろう。

研修の導入部に

実は前回、すなわち二〇〇六年のサッカーワールドカップ・ドイツ大会のときもそうだった。このときのスローガンは「A Time To Make Friends」と「Say No To Racism」であった。つまりは「ふれあいのひと時」と「人種差別反対！」とでもいう意味である。この年は、決勝戦のフランス対イタリア戦において、フランスのジダン選手が、相手チーム選手による民族差別的発言に激昂《げきこう》して、相手選手の胸に頭突きを行ってレッドカード退場になった。この退場になるシーンは当時繰り返しマスコミによって報道された。しかし、そもそものスローガンが人種差別反対にあったという点はほとんど報道されなかった。

あとでビデオを見ると、試合前に両チームは記念写真撮影を行うが、そのときにスローガンが入った横断幕を掲げているし、試合が始まる直前までピッチのセンターサークルには、このスローガン入りの大会マークが置かれていたのである。

スローガンメッセージがマスメディアによってほとんど報じられないことに気がついたので、私はこれを研修の導入部に使った。

すなわち、私たちが日常接しているさまざまな情報は、実は情報の送り手によって篩《ふるい》にかけられ、選ばれた情報だけが目の前にあるのだということ、情報の送り手の価値観によって、フィルターを通した情報に向き合っているのだということだ。

私たちはさまざまな情報・刺激に出会い、これを五官を通して体内に取り込み、自己の知識、見識、体験にもとづいて考察、判断し、そして行動、自己表明する。このプロセスのなかで、情報との出会いを妨げられたり、発信することを封じられたり、または自己が有する「障がい」のために、情報の自由なコントロールができにくかったりする。これらはすべて人権問題ということなのだ。だから、情報との出会い、付き合い方、読み解き方は大切なのだ。

以上のようなかたちで、メディア・リテラシーと人権の一端を研修導入部で語っている。

もうひとつのワールドカップ

ところで、オリンピックのあとにパラリンピックがあるように、サッカーワールドカップのあとに同じ開催国で、知的障害者サッカーの世界大会があることはあまり知られていないのではないか。一九八六年、オランダに設立された国際知的障害者スポーツ連盟（INAS－FID）が主催するサッカー世界選手権大会だ。今年は南アで開催される。この大会があることを教えてくれたのは、東京人権企業連の啓発担当者仲間の小林章彦さんだった。ありがたいことだと想う。

2010年8月号（269号）

差別的な表現の現在《いま》

いわゆる「差別語」に関する議論はすでに相当程度されている。過去「差別的な表現」として問題視された事例をまとめた書物も、何冊も上梓《じょうし》されている。ここで、汗牛充棟をいとわず議論することの意味は、まさに再考、今日ただいまの視点でこの問題をどう考えるか、だろう。

具体的に語ろう。ことばを論ずるにあたっては、きちんとした議論が必要だと思う。たとえば、在日コリアンの人のなかには、魚屋さんの看板の「鮮魚」という文字を見てさえドキッとする人もいるし、また、あるアイヌの女性は、街で「アイスクリーム」という旗を見ても、自分を名指しされているように感じたという。このことはかなり象徴的な意味をもっている。確認しておくべき第一は、まさにそのように辛《つら》い体験をもつ人が厳然と存在するという重い事実を私たち一人ひとりが認識する必要があるということだ。そのうえでなお、「鮮魚」の看板や「アイスクリーム」の旗に罪はないということだ。日本中の鮮魚の看板やアイスクリームの旗を取っ払ったって、その人たちの痛みは消えない。いや、ほかのところで「祖父は鮮魚商をし

N

て、家族を養った」などという文章に出くわさないという保証はまったくないからだ。

私たちにできる最低限のことは、不用意にことばを使わない、無意識に何の気なしに使わない、ということだろう。何気なしに使ってしまった、そんな意図は毛頭なかった、言われてみれば必ずしも的確な表現ではなかった、などの言い訳をあとでしなくてもすむよう、これこれこういう意図があって、この文脈では、このことばしかふさわしい表現がなく、ときちんと説明ができることが必要だろう。ことばに対する感受性を高めるとは、決してひとつのことばのもつマイナスの側面にのみ着目することではない。マイナスの面に着目して、これは使わない、あれも使わないと語彙の選択の幅を狭めることではない。

一方で、いわゆる「差別語」ということばも厳然として存在することも事実だろう。それは、そのことばがそもそも差別的な意図をもって創出され、差別的な意図をもってしか使われてこなかったというものだ。たとえば、「特殊部落」という表現だ。このことばは、部落改善政策のなかで、官製語として、被差別部落をさすことばとして創出された。以降、差別的意図をもって使われつづけた。だからこそ、このことばを安易な比喩的表現として使うことに対し厳しく指弾されてきた。このことはきちんと確認しておく必要がある。

ネット上には、差別語一覧のようなものが載っている。そういうものを見て、ネットで見ましたが、このことばは使わないほうがいいのですか、ということを聞かれることがある。なかにはかつてメディアで使われていた、十数年前のものをそのまま転載したとおぼしきものもある。単に、ことばそのもので判断するのではなく、文脈のなかで判断すべきという基本的な考え方は、一般にも広く浸透しているにもかかわらず、である。

こうしたことの背景には、瞬時に判断を求められる場合や、企業が広報誌など対外的な情報発信の過程で、リスク回避的な判断にたちやすいという背景があるような気がする。ことばの微妙なニュアンスの違いよりも、リスク回避のほうを重要視するという姿勢だ。だから、厳密な意味での用語法ではなく、ほぼ近い意味のことばによる言い換えが横行したりする。このことは、繰り返していえば、ことばに対する感受性を高めることにならないし、また、ことばの世界をやせ細らせることにもなる。

平山藤五「差別的な表現の現在」として発表／2010年10月号（271号）

T

ことば・表現を考える……いま一度

人と人を結ぶ

本誌『ヒューマンライツ』編集責任者の西村寿子さんは、それまで一面識もなかった人同士を結びつけるのがとても上手だ。単に紹介するというだけの意味ではなく、互いが相手を認め合い、その主張を理解し、議論を重ねるという関係性にまで高めていく、すなわちコーディネートする特技をもつ。学者・研究者、教員、運動家、行政担当者、人権ファシリテーター、企業担当者などを結ぶ。その結びつきのなかから、本までつくってしまう。最近では「おとなの学び研究会」編の話し合い学習の手引書『おしゃべりの道具箱』(解放出版社、二〇一〇年)がそれだ。

この研究会では、さまざまな立場の人びとが、たとえば日曜日の昼下がりから、部落解放・人権研究所に集まり、最近の研修実践事例や受講者感想などを持ちより、紹介しあいながら、そこにジェンダーやセクハラ、パワハラの視点が加わり、メンバーのだれか(たぶん、Uさんあたり)の「それって、も少し突っ込んだらおもろいんとちゃうか」的発言によって掘り下げられ、さらに毎回決まって開かれる居酒屋での飲み会で教材に仕立て上げられていく。この過程で新しい企画案が生まれたりもする。だから居酒屋の予約セッティングは、毎回参加者が交代で担当する重要な役割らしい。

その「おとなの学び研究会」が、また新しい企画を捻《ひね》り出した。あらためて差別語・表現を考えるのだという。このテーマは西谷さんと二人で始めたこの「ラリーエッセイ」の当初のテーマだ。それならば、この議論にぜひ参入させていただこうということになった。

差別語・表現はあるか、判断するのは……

「このことば、使ってもいいですか」。社内でたまにこんな問い合わせを受けることがある。この場合の問い合わせ者の本意は、「いわゆる差別語に該当するか、だとしたら使ってはいけないことばか」という趣旨だろう。ここから二つのことを考えたい。

まずはじめに、差別語・表現とか、差別用語というけれど、そうしたことばはもともとあるのだろうかということだ。

私はそうしたことばそれ自体が独立して存在するわけではないと想う。ことばは、書いたものも含めて、発信者の意図、受け手側の受け止め方・状況、両者の関係性、その場の状況（研修の場面なのかその他の会話なのか、第三者がいるのか否かなど）、ことばのもつ時代的意味などによって、同じことばであっても「差別性を帯びたり、帯びなかったりする」ことがあるのだと想う。それは一見、差別性が紛々と漂っていると思えることばも、逆にまったく差別性はないと一般的には思われることばにおいても同様だろう。そしてこの差別性のあるなしは、文脈の全体のなかでこそ判断できることである。この場合の、私の差別性のあるなしの判断機軸は、「だれか人を傷つけることになるかどうか」である。

次いで、あることばを「使っていいかどうか」は、差別性のあるなしとは別の視点で、表現者自らが判断するべきことだ。差別的響きがあると判断することばであっても、表現者自らの判断で使うか使わないかは決められるべきだ。自己の知識と見識、体験と人を想い遣《や》る視点で判断することである。

使ってよいかどうかという判断は、他者にゆだねてはならない。私たちはあらゆることばを自由に駆使したい。自分の想いを、感情をことばに託し、言ったり書いたり表現したい。人は一人では生きられず、他とのかかわりのなかにおいてのみ生きられる。だから他とさまざまな方法でコミュニケーションをとることが、生きていくうえで必要なのだろう。

ここにおいて表現の自由はもっとも基本的な人権のひとつだと想う。だからこそ、法はもちろん、権力ある機関にも、なんびとにも、ある表現について「使ってはならない」などという規制をすることを許してはならない。逆に「これは使ってもよろしい」というような「お墨付き」判断をだれかからもらうというような行為もあってはならない。判断するのはあくまでも表現者自身だ。私たち一人ひとりだ。

ただ一方で、「他者を差別してもよいという表現の自由」は存在しない。だからこそ、自分のことば・表現はだれかを差別することになりはしないか、傷つけることにはならないか、はようく吟味しなければならないだろう。この吟味を重ねて紡ぎだされることばだけが、真に受け手の胸に届くのだろう。

そして、なんびとをも差別しないということばもまた、ないのかもしれない。だから吟味してなされたことばでも、思いもしないところから、「そのことば、表現は私にとっては差別的な表現だ」という指摘にあうことがあるかもしれない。そうしたときにはその指摘の声に丁寧に、誠実に向き合いたいと想っている。それはこちらの意図を十分に説明し、話し合うということだ。表現の自由には必ず説明責任は伴う。

説明した結果、相手が納得してくれればそれでよいし、話し合いのプロセスから相手の指摘に耳を傾け、こちらの配慮が足りなかったと納得することもあるかもしれない、そうしたらそのことば・表現は撤回すべきだ。それはことば・表現の自由を守り、質を高めるための精査だ。また、時には話し合いは不調に終わることがあるかもしれない。それでも、お互いに相手の主張に耳を傾けた、話し合ったという事実が大事なのだと想う。

ただ、冒頭あげたような「このことば、使ってもいいですか」という問い合わせに上記を答えるだけでは問い合わせ者は困惑することもあるから、もう少し具体的に答えることにしている。すなわち、「私だったらそのことばはこう感じる」という主観を披露し、あなたはどう考える？　という返し方をするようにしている。

足のない人、土方、チックタックが……

次にことば・表現をめぐる具体的なエピソードをいくつかお話しして、前述したこの問題に関する私見の例としたい。

①ことばの発信者と受け止める側の関係性、とりわけ信頼関係によって、「ことばの差別性」が変わる例……

営業支社勤務のA君の話。彼は若いころバレーボール部の選手だった。現役引退後は仕事のかたわら、地域のボランティアとしてシッティングバレー（足の不自由な人が床に腰を下ろした状態で行うバレーボール）の指導者をしている。はじめのころは、コート脇に置かれた義足や車椅子、松葉杖《まつばづえ》に戸惑ったことも。でもやがて、取り組みを進めるうちに純粋にバレーボールを楽しむ姿に惹《ひ》き付けられていく。その彼が遠征試合を前に、選手たちに交通手段の確保を確認すべく声をかけた。「明日からの遠征に行くのに、足のない人いる？」。選手たちは笑いながら

「おれたちみんなないよ」と返した。なかには義足を振りながらの人も。彼は言ってしまってから、しまったと想った。でも、彼と選手たちの日常の人間関係、信頼関係のなかでは、彼の発言をとがめる人はだれもいなかった。

②発信者の意図によって「ことばの差別性」が変わる例……

ずいぶん昔の全同教（現 全国人権・同和教育研究大会）分科会でのひとこま。一人の女子高校生がフロアから発言。彼女は「私は幼いときに母を亡くしたが、父が土方仕事をしながら一生懸命働き、私を大きくしてくれた。私は土方の父を誇りに想う」旨を発言した。これに対して司会者団が「ただいま、土方という不適切な発言がありまして……」と述べたとたん、フロア参加者が口々に「おまえ、なに言うとるんや、どこが不適切や、彼女は父の土方仕事に誇りをもって言うてるんやないか」と怒鳴った。

③受け止める側の状況によって「ことばの差別性」が変わる例……

ある企業の啓発担当者から伺った話。童謡「早起き時計」というのをご存じだろうか。彼女の知人は「チック、タック、チック、タック、ボーン、ボンという歌詞が私にとっては差別表現だったことがあるんです」と言ったという。この人は足が不自由で、歩くときに体が左右に大きく揺れた。時計の振り子のように揺れるさまを見て、幼いころは友だちが先の歌詞を歌いながらはやし立てたのだという。

中山英一さん

中山英一さんが逝去された（二〇一〇年七月八日）。長らく部落解放同盟長野県連の書記長をされた。ある程度の年数を重ねた人権啓発担当者ならきっと、中山さんのお声とともに「かあやん」を想い、慕い、そして差別と闘う毅然《きぜん》たる生き様に、幾度となく心揺さぶられる想いをされたことがおありだと想う。その中山さんの『人間の誇りうるとき』（解放出版社）と並ぶ名著に、『被差別部落の暮らしから』（朝日選書）がある。そのなかに中山さんがことばについて述べておられる部分がある。中山さんは、ことばは生活のなかから生まれてくるもの、とされ、部落のなかのことばをたくさん紹介されている。そのなかに「『衣服』と言葉」という段落があり、そこで取り上げていることばに「おい、ぬくてえか」がある。引用させていただく。

――四季折々の衣替えができないのです。ですから、着物のことで一層軽蔑され、つまり差別されるということがありました。真夏に厚手の袷《あわせ》の着物を汗をかいて着ているのです。するると、友だちが近よってきてからかうのです。「おい、ぬくてえか」と。「ぬくてえ」とは「暖かい」ということです。「お前はそんな厚手のものを着ていて暑くないか」ということです。別に寒くて着ているわけではありません。他に着るものがないからなのです。そういう事情を知っていていてからかうのです。その言葉は「ちょうり」といわれるのと同じ意味を持っていました。――

愛して止《や》まない「かあやん」が、夜なべをして一生懸命あつらえてくれたであろう、凍《い》てつく信州の冬の寒さを凌《しの》ぐための厚手の着物……、宝物のような着物を侮辱された想いは、何よりも「かあやん」を侮辱された想い……。中山さんにとって「おい、ぬくてえか」は強烈な差別性を帯びた表現だった。ことば・表現と差別性について実に雄弁に物語ってくれている一節だと想う。

心からご冥福をお祈りいたします。

2010年10月号(271号)

もう一度「ことば・表現」を考える

N

「お女中！」

『ヒューマンライツ』誌九月号の冠野文《かんのふみ》さんの連載は、おもしろかった。中島京子《なかじまきょうこ》の直木賞受賞を伝えるメディアの対応をさりげなく書いている。「『女中』は自主規制用語になっているようで、あるテレビ局は『お手伝いさん』と言い、別の局は『お手伝いの女性』と言い、うちでとってる新聞にはカッコ付きで『女中』と書かれていた」

さらに「中島京子の前作は『女中譚』（朝日新聞出版）だというのに、こっちが受賞していたら、どう報道されたであろうか？　まさかタイトルを言い換えたりはするまいが……と考えてしまった」とある。ここまできたとき、思わず笑ってしまったが、笑いごとではない。

受賞作は、「小説というかたちだからこそ書ける、あの頃の〝気分〟に満ちている」。あの頃とは、昭和の初めだ。主人公の女性が、女中奉公を通してみた、昭和の初期の〝気分〟。これを理解するには、当時の「女中」という職業の実際を知ることなくしては、不可能だろう。それは、戦後のお手伝いさんのそれでは決してない。

さらに、後段の「まさかタイトルまで……」は、「まさか」ではなく、実例がある。高橋貞樹《たかはしさだき》の『特殊部落一千年史』。岩波文庫では、『被差別部落一千年史』として刊行されている。この経緯については、同文庫の解説で沖浦和光《おきうらかずてる》先生が詳しく書いている。理解はできるが、議論の余地は十分あるだろう。

もちろん、「女中」ということばと、「特殊部落」ということばの担ってきた意味合いの違いは、同列には論じられないものをもっているのは、前号で、平山藤五氏の述べているとおりだ。であるからこそ、安易な「自主規制用語」（そんなものがあるとは思わないが）など、つくるべきではなく、個別具体的な状況のなかで、使用されるべきことばは考えられるべきだ。

「部落」ということば

辞書などをひくと、「部落」ということばの意味として、大きく二つの記載がある。ひとつは、共同体としてまとまりをもった民家の一群。村の一部。などといったものだ（①）。もうひとつは、被差別部落と同義、というもの（②）。現在、①の意味で使われることはまれで、集落ということばが使われる。②の意味で使う場合も、関東・東北では、被差別部落ということばを使うことが多く、単に「部落」と表現するのは、関西以南が多い、ようである。

「村落」ということばがある。「村落共同体」などと使われる。「落」ということばを辞書的にみると、「人家などの集まっているところ」となる。用例として「村落・集落」。「部」はどうか。「分けること。分けた一部分」とある。つまり、①の意味で使うなら、村に対して部落ということばを使うことは、その実体を表すのに都合がいいように思える。集落といってしまっては、村と部落の位置関係があいまいになる。

では、なぜ①の意味で、「部落」を使わなくなったのか。①の意味で使っているのか②の意味で使っているのかわかりにくいから、はっきりさせる意味で、①の場合は、集落とする、という理由が考えられる。そのさい、①の場合は、部落、②の場合は被差別部落という使い分けではなぜいけないか。たとえば、○○部落といった場合、そこの集落が、被差別部落なのかそうでないのかわからない、だから一般的には○○集落としましょう。考えてみるとこれって、変。なぜ区別する必要があるのか。

「うちのひと」

「日本人夫の呼び方」（南河内発＊在日外国人女性エッセイ集『わたしのきもち』所収）という文章がある。中国からきて五年、日本人配偶者というビザ資格をもつ、田中さんの文章だ。五年間で五回、配偶者に対する呼び名を変えた、という。初めは、姑《しゅうとめ》に教わった「うちの主人」という言い方。日本人の友人仲間の「うちの旦那」、子どもが生まれて「うちのパパ」、職場の同僚と話すときの「夫」、そして、ドラマに触発されて抵抗感をもちながらも使いたい、「ダーリン」。「夫」ということばは、どんな場合でも使えることばとして、職場の先輩から教わった、という。

なるほど。ただ「夫」に対することばは、「妻」だが、この表現には、刺身の「つま」のように主人公に添えるものという意味があるから、いやだという向きがある。しかし、古来、「つま」というのは男女を問わず使われてきたのであり、この理由はあたらないように思われる。「連れ合い」などという表現もあるが、こなれた表現とはいいがたく、まして第三者的に相手の配偶者をさす場合には使いにくいだろう。この滞日五年の田中さんの文章のすばらしさは、さまざまなシチュエーションで、状況に応じて、仲間に応じて使い分けることができる日本語の多様性をしっかりと語ってくれていることだろう。

ことばは、コミュニケーションツールにすぎない。すぎないけれども、不特定多数に発するときには、さまざまな受け手の反応を十全に予測して発する必要がある。自分自身に発することば、たとえば日記、と家族内や仲間内での会話、あるいは、いわば公的に対外的に発することば、これは必ずしも同じである必要はない。むしろ違って当然といっていいかもしれない。この当たり前のことが、時に忘れられたりすることがある。

百家争鳴

『ヒューマンライツ』誌一〇月号の特集は「『ことば・表現・差別』再考」である。なかなかおもしろかった。ひとつは雑誌などで、最近この手の特集というのをあまりみかけないということもあるし、書き手が、行政や地域、教育、企業の現場で日ごろこの問題に直面し、いろいろに考えながら、もやもや感を抱いている方々が率直にその想いを述べているところが新鮮だった。さらに、特集欄以外でも、岡田耕治《おかだこうじ》さん、竹内良さんの連載執筆陣が、呼応してこのテーマを扱っている。この特集を「うん、うん」とつぶやきながら読んでいくうち、唐突に、頭に浮かんできたことがある。

「金剛石《ダイヤモンド》!」

「うむ、金剛石だ。」

「なるほど金剛石!」

「金剛石??:」

尾崎紅葉《おざきこうよう》『金色夜叉《こんじきやしゃ》』の有名な一場面だ。ダイヤモンドを目の当たりにした、そこに居合わせた人びとの興奮とその属性までも、この短い感嘆のなかに封じ込めている。これはたぶん、大崎さんのいう「きしょい」や「きもい」ということばをさまざまな場面で使って、そのバリエーションで済ませてしまう、あるいは口癖になってしまっている、などという子どもたちの現状と、一見似ているようでいて反対の心性からくるものだろう。

鶴岡さんの指を、「その指、ヤバイんちゃう?」といった少年の意識はどこにあったのだろうか。そういえば、昔は、「ヤバイ」ということばを使うことは、それこそやばいことだった。私が子どものころは、ずいぶん昔のことだが、そのことがいいか悪いかは別にして明白に男女のことば遣いに違いがあった。それがある時期から、差がなくなったというより、女性がかつての男ことばを使うようになった。そうしたなかで、あるとき、知り合いの女性と話をしていて、彼女が「ヤバイ」ということばを発したのを聞いて仰天してしまったことを思い出した。彼女は、体調が悪く、その自分の状態を「ヤバイ」ということばで表現したのだが、当時の私には驚きだった。それまでの私の認識では、「ヤバイ」などということばは、それこそやばい筋の人の使うことばだと思っていたからだ。しかし、ことばの意外性というものは実にインパクトのあるもので、私の記憶に長く残ったし、このことば自体も重宝がられて、またたくまに広く市民権を得てしまった。それは、鶴岡さんが辞書に載っていないことに意外性を感じることにも表れている。

よくいわれる一般原則に、「身体に関する表現は安易に使うべきではない」というものがある。一般論としては、わかるが、その種の表現が出てきたとたん、「いまの表現はいかがなものか」と疑義を差し挟むのは、それこそいかがなものか。選抜試験の「足きり」という表現がある。決していい表現だとは思わないが、この表現を聞いて「刖《あしきり》」を連想したり、足の不自由な人への蔑視を感じるというのはほんとうだろうか。

あるライターさんのブログを読んでいたら、「啓蒙《けいもう》」ということばを使ったら「啓発」とすべきと編集者から指導されたという記述があった。その理由は、「蒙《めしい》を啓《ひら》くだから使えない」と言われたという。啓発を使うべき、という。フランス文学史では、一八世紀を「啓蒙時代」という。これも「啓発時代」といえというのだろうか。これは、まさに「蒙を啓く」時代相を表した表現なのである。これを「啓発時代」といってしまっては、時代を的確に表現しているとはいいかねる。

ある団体でつくっている言い換え集とその基本的考え方を読んでいたら、いきなりヴィトゲンシュタインの「哲学探究」からの引用が出てきて度肝を抜かれてしまった。が、読んでいくと別にヴィトゲンシュタインでなくてもよかったみたいで、単に使い方が大事だよということを言いたかったようだ。

ことほど左様にこの問題は百家争鳴の感があるが、逆にこのことは健全なことなのかもしれない。

2010年11月号（272号）

私家版おくりびと

T

きれいなのどぼとけ

「これが、右の上腕です。こちらの少し大きいのは肩甲骨」

遺族による骨拾いのあと、火葬場の担当職員は、部位の名前を説明しながら残った骨を骨壷《こつつぼ》に納めていく。少し手つきが乱暴じゃないかと思ったりしながら、その若い職員の手元を見つめると、職員は「これがのどぼとけです。こんなふうに完全にきれいなかたちで残るのは珍しいです」と言った。そんなことばにすら、遺族はなんだかちょっと救われたような気持ちになるのであった。だから場違いで少し微笑《ほほえ》んだりもした。

いまの火葬場はみなそうなのだろうか、煙突から出た煙が天に昇っていくというような光景を目にすることはなかった。

息をひきとるということ

九二歳の誕生日を三日前にして、父は逝った。

老衰に加え満身創痍《そうい》だった。高齢どころか超高齢で、携帯用酸素ボンベを離せぬ生活が三年近く続き、心臓には九〇歳近くになってから行った手術でペースメーカーも装着していた（母がペースメーカーを、時にヘルスメーターと言い間違えていたのもいまとなってはご愛嬌《あいきょう》だ）。八八歳の母との二人暮らしだから典型的な老老介護だった。「下の世話」を愚痴る母のことばを繰り返し聴かされるのは正直辛《つら》かったが、現実にその世話をする母は何倍も辛かっただろう。それでも、ギリギリまで在宅で介護したいという母の願いを入れて、子どもである私たち兄弟も通院介護ほか、側面からの支援に明け暮れたこの四年間だった。

頸椎《けいつい》、腰椎部位があちこちでつぶれ、腰、背中を痛がった。だから父は、毎週土曜日に私が行う整形外科やペインクリニックへの通院介護を楽しみにしていた。いま思えば、最後の親孝行をさせてもらえたということでもある。またここ数カ月は、何度救急車のお世話になったかしれない。骨折こそなかったが転倒による外傷、縫合の繰り返しだった。「また転んだの」、電話口で泣きそうな母の消え入りそうな声を聞くのは辛かった。夜かかってくる電話が怖かった。

今年に入ってからは食も細くなっていた。主治医からも、何度か「遠からず、万が一ということがあるかも……」とは匂わされてもいた。母をはじめ家族に、ある程度の覚悟が広がっていた。

茶毘《だび》に付した日からさかのぼる三日前の昼過ぎ、意識不明となり救急搬送された父は、翌未明には一応の手当て施しはすべて終えたとして、入院病棟の個室に落ち着いた。ひとまず家族が病院を引きあげて、仮眠をとろうとしたのもつかの間だった。早朝、担当医からの「自発呼吸が弱くなった」という報《しら》せを聞いて病院に駆けつけた。ベッドに横たわる父の、呼吸マスクから漏れる息は素人目《しろうとめ》にはそんなに弱くなったとは思えないのだが……。「おやじ」という私の呼びかけに、一瞬うっというううめき声があがった。担当医が「あ、ご家族の声には反応するんですね」と言う。もしかするとこの一瞬が、父との最後の「コミュニケーション」だったのかもしれない。その後は呼びかけても応答はなく、指先の冷たくなっている手を握るしかなかった。

しばらくすると、たしかに呼吸が浅くなり、心なしか弱々しげになってきた。息と息の間隔が少し長くなる、間延びする……。え、もう息が止まったんじゃないの、と思うころ、か細くなった息がまたかろうじて続き、そのころまでに病室に集まっていた家族は思わず安堵《あんど》の顔を見回す。そんなことが何回か繰り返され……、そしてやがて父は小さな息をひとつすると、それが二度と繰り返されることはなく、静かに、ほんとうに静かに息をひきとった。「おとうさん」「おやじ」「じいちゃん」、集まった者がそれぞれの名前で呼びかける。だれかがナースステーションに走る。

二人の医者が脈拍、心音、瞳孔を確認し、頭を下げた。テレビドラマの一シーンのような光景だった。若い医者だった。死亡宣告の時刻を一時間言い間違えた。

葬儀ではない、おくり

父は信州長野の出身だった。学校を出てしばらくあと、兵役からも運よく生還し、会社員となった。経理部門一筋の、まじめに、地道に働くことがとりえだったとは母の弁だ。ある意味では平凡な、とても平凡な一生だった。歌の文句ではないが、何も残さなかった、が私たち四人の子どもを育てた。そして孫が四人。とくに私の二人の子どもたちは、市立の保育所に入るまでは無認可の施設の世話になったのだが、その朝の送りをしてくれたのが父だった。無認可の施設はなんと居酒屋の二階になっていて、父は事あるごとに「居酒屋の煙で子どもを燻製《くんせい》にするつもりか」と小言めいたことを言いながら、私たちの子育てを手伝ってくれた。

その平凡な父の生き様を思うときに、亡くなった病室では出なかった涙がじんわりと湧いてきた。

本人の意思で、葬儀はしない、戒名はつけない、僧侶も呼ばない、祭壇も要らない……、家族・親戚以外には知らせない、ないない尽くしだったけれど、母のたっての希望で、ありったけの花を飾っておくることにした。母が家中の花瓶を集めたのだろう、病院から帰宅して居間に横たわる父の枕もとは、色とりどりの花であふれかえった。それは、家族だけで、ほかのだれに気を使うこともなく、心ゆくまで想い出にふけり、つかの間の別れ、おくりをしたいという母の希望と、それがよいという生前の父の意思だった。

父は、自分が亡くなったあとの段取り、葬祭などについて、しっかり自分の意思を母や私ち家族に表明し、互いに確認しておく時間と機会が十分にあった。その意味では父も、家族も幸せだったと思う。

戒名と清め塩を排す

人生の最期、「家族をおくる」という厳粛な事柄を、経験のない初めてのことだからといって、「昔からやっている」「みんなやっている」しきたり、風習に従い、思考停止のままに納得のいかないことを実行することは避けたかった。

とくに人権担当者として、父の死に伴う「おくり」に際してこだわっていたことがある。戒名と清め塩を排するということだった。もともと、「葬儀」の形はとらないというのが生前の父の意向であり、母も同じ意見をもっていた。いや、むしろ母がそう誘導したようなところもあるから、家族のなかで特段私が持論を主張するまでもなかったのだが。

宗派によって戒名といわず法名、法号ともいうようだが、本来は仏教において、戒律を授けられた証《あかし》、仏門に入った人に授けられるものであろう。

ところが、戒名についていは、いつのころからか「亡くなって仏事が行われ故人になってから、生前の俗名とは別に与えられる名前」と誤解されている向きが多い。生前、特段仏教徒として暮らしていたわけでもない父が、戒名を、しかも金額次第で「院号」が付いたり字数が多くなるといった、「差別的な戒名」をつける風習に従うことは、避けたいと考えていた。大切な家族のおくりにふさわしくないと思った。かつては被差別部落の人びとには、一般的には使わない文字や、「文字」とはいえない「異体文字」を使って、差別的な意味合いをもたせた差別戒名がつけられたこともある。

清め塩も、死という「けがれ」に触れたから、それを清めるという慣《なら》わしだろうが、これも納得がいかない。大切な家族が亡くなったとたんに、その遺体に、そして死に触れることが「けがれ」とされることには、大方の人が違和感を覚えるだろう。事実、仏教の教えからは根拠がないとされている。むしろ、仏教において死はけがれでもなんでもないという。これをけがれとするところから、死に伴うさまざまな仕事に従事する人びとをもけがれているとして蔑視する、職業差別観念すら生まれかねない。浄土真宗では死をけがれ視することを否定し、清め塩廃止を提唱している。会葬時の清め塩は戦後に、葬儀会社がつくった風習にすぎないという見方すらある。

父の孫たちは、遺体をずっとさすっていた。あふれる涙をぬぐおうともせず、髪に、唇にふれた。何の抵抗もなく、いとおしむように遺体に接するわが子らを心から愛らしく想う。

信州からきてくれた父の兄弟とその家族は、僧侶もこない、読経も祭壇もない、そもそも「葬儀」の体をなしていない「おくり」に最初少なからず戸惑っていた。「へえ、聞いたことがねえ」などとも言っていた。それでも荼毘に付してからのち、家族・親族で行った「おくる会」という名の小宴の席では思い出話に花が咲き、帰りがけには「いい別れだった」と言ってくれた。

父は逝った。それは一人の命の終焉《しゅうえん》だけれど、人権には終焉はないのではないだろうか。父のことは遺族一人ひとりの胸の内にさまざまな想い出として残るわけだが、その想い出は、決してないがしろにされることのない永遠に大切なものだ。それは遠い記憶のなかの子どものころに、こっぴどく怒られたときの声や、ことば、しぐさだったり、たまに誉《ほ》められたときの笑顔だったりする。

人が胎児として芽生えたとき生まれた人権は、その人が亡くなったあと、想い出という名前に変わって終生、生きつづける。そんなことを考えている。

２０１０年12月号（２７３号）

喪中はがきを考える

富士山はどこまで

東海道新幹線で東京から関西に向かう。車窓から見る富士山については、本誌で何度か書いたことがあるが、天候に恵まれた早朝の冬の富士山は実に見事だ。空の青さと雪の白さのコントラストがすばらしい。新横浜を出てしばらくすると進行方向右手に見えはじめ、途中何度か見え隠れしながら、三島、新富士、富士川鉄橋あたりでその雄姿はピークを迎える。そして静岡の先、安部川《あべかわ》を渡って数十秒間だけ、予想に反して進行方向左側後ろにその姿を見せ、以降は右手後方に見ることができる。ではこの富士の姿は、どこまで西に進んだところまで見ることができるか、そんなばかなことを先日の出張時にやってみた。

後部座席の人の不審気な視線を感じながら、窓ガラスに左の頬《ほお》をくっつけんばかりにして車窓右後ろを思い切り振り返り、時折視線を車窓に戻して、現在地を確認する。そんなことを繰り返し、結果は浜名湖《はまなこ》を過ぎて右手に見えるソニーなどの電気機器メーカーの工場建屋のあるあたりのちょっと先、豊橋《とよはし》の少し手前くらいまで、遠くに小さな富士を確認することができた。

首が疲れた。

喪中のはがき

こんなばかなことをやりながら、頭のなかでは気になっている別のことを考えている。それは先日届けられたはがきのことだ。

この歳になると、といっても読者の方にはおわかりにならないけれど、還暦直前になると、暮れに「喪中はがき」をいただくことが多い。今年は一〇人以上の方からいただいてしまった。「喪中はがき」は私の友人、知人が自分の「家族」の逝去に伴い、「喪に服している」から、来年の年賀状は出しませんよというごあいさつだ。それとは別に私の友人、知人ご本人が亡くなって、そのご家族の方が「喪中はがき」をくださることもたまにある。

身近な、大切な人が亡くなったからということで、届けられる「喪中はがき」……、考えさせられた。

私事でまことに恐縮なことだったが、私の父が昨秋亡くなったことは本誌一二月号に書かせていただいた。「本来なら」私も「喪中につき、年始のあいさつを欠礼」させていただくはがきを出すべき立場であったわけだが、出さなかった。

喪中のはがきの意味……、は二つあるのだろう。ひとつは亡くなった故人の交友関係者に家族（「喪主」？）が出す場合で、これは故人の生前の生き様を大切に想えばこそのもので、これまで厚誼《こうぎ》をくださった方々に感謝の意を込めて逝去をお知らせするという大切な意味があるだろう。もうひとつは故人の家族が、自分の交友関係者に出す場合で、亡くなったという厳粛な事実に対して、敬虔《けいけん》にその故人を偲《しの》び喪に服する、その期間には新年の祝い事を慎む、もしくはお祝い事をする気にならないから、ということだろう。私がもらう「喪中はがき」の大半はこちらだ。

前者は、とくに今回の私の父の場合のように「葬儀」を行わず、したがって家族・親族だけのごく限られた範囲にしか逝去を知らせなかった場合は、この喪中はがきを出す意味は大きいと想う。今回は母が知るかぎりの、父が生前ご厚誼をいただいた方々にお送りした。

では後者はどうだろうか。喪に服したい、しばらくの間は華やかなお祝い事のなかに身を置く気持ちになれない、だから新年を祝う気にはなれないという感情が湧くことはようくわかる。喪中はがきを出される大方の方々が、こうしたご自分の気持ちを率直に表明されているのだ。そのお気持ちは、十分に尊重させていただきたいと想う。

思考停止の喪中はがきは

ただ、なかには「春先に兄が大往生を遂げたから、暮れには喪中はがきを出さないといけないんだろうな」と言う人がいる。自分の気持ちの率直な表れとしての喪中はがきならばよいのだけれど、「そうしなければいけない」となんとなく考えているとすれば、それはいかがなものか。そしてこの場合には「喪中」の範囲と「期間」が問題になってくる。

範囲とは、はがきを出す立場の人と亡くなった人との関係性である。同居の親族が亡くなった場合は、「当然に欠礼」になるのだろうか、では別居だったら何親等の人まで……？　祖父祖母が亡くなった場合は……？　配偶者の親が亡くなったときは当たり前？　では配偶者の兄弟・姉妹が亡くなった場合は……？　これは詰まるところ、多分に「家制度」とも密接にかかわってくることだと気がつく。

また、「喪に服する」期間は……？　多くの場合は、亡くなった年の暮れに、翌年の年賀のあいさつを欠礼するというはがきを出すのだろう。では、ある年の元旦に亡くなったら、その年の暮れには、翌年の年賀欠礼のはがきを出すのか……？　それとも、もう出さないのか……？

そもそも、身近な人の死を悼み、お祝い事をする気持ちになれないという、その「身近な」範囲、「その気になれない」期間は、人それぞれのものだ。すぐれて個人の気持ち、感情の問題だ。そこを大事にしたいと想う。だから「しきたり」や「決まりごと」に従うということではないのではないか。なかには決まりごとに従うということで、自分の気持ちに区切りをつけたいという人もいるかもしれない。そんな効用はあるのだろう。だから、積極的に「喪中はがき」を出すという人の気持ちは尊重したい。ただ、私は出したくなかった。

父が亡くなった、その死を悼む気持ちは他の家族同様に、私の胸のなかに強くある。一方でまた、年に一度このタイミングで近況をお知らせする賀状交換の風習は大事にしたいとも想う。死を悼みつつ、還暦という節目を越える年の自分の気持ちのリセットをあいさつしようという想いだ。

自分の気持ちを妻や母、兄弟に話した。そんな話し合いの場をも、父の死はもたらしてくれたような気がする。

けがれ観とも関係があるのか

もしかすると、「喪に服すべき期間」中に、年賀状を出したりすることは相手に失礼にあたるのだろうか。相手の慶賀の気持ちにふさわしくない行為だろうか。それは「服喪」に「けがれ」観がつきまとうということか。だとすれば死に対するけがれ観であり、なおさら人権担当者としては、丁寧に考えたいと想う。「喪中はがき」を単に「みんながやっているから、昔からそうするものだから」と、思考停止に陥って従うことは避けたい。

「礼儀」「マナー」「しきたり」に関する「ものの本」には、「こうあるべき」とか「こうしたほうがよい」とか「こうする人が多い」ということが書かれているかもしれない。そのことに従うことで心の安寧《あんねい》を得られると考える人もいるだろう。その人の気持ちを否定はしない。だがここで私が大切にしたいことは、肉親の死を悼む気持ちをもちつつ、「今」をどのように考え、行動するかということ、「世の中では」とか「通例は」ということではなく、主語を一人称にして自分で考え、判断するということだ。このことは、たとえば十干十二支《じっかんじゅうにし》の組み合わせである「ひのえうま」などという因習や、「大安《たいあん》」「仏滅《ぶつめつ》」などのいわゆる六曜《ろくよう》にまつわる風習といった、日常生活のなかにしっかり組み込まれている「当たり前とされていること」と、どう付き合うのかということとも共通することだろう。

「常識がない」と思う人もいるだろうな。それでも……。

「同対審」答申は

同和対策審議会答申は、冒頭の「同和問題の本質」の項で、

「すなわち、わが国の社会は、一面では近代的な市民社会の性格をもっているが、他面では、前近代的な身分社会の性格をもっている。今日なお古い伝統的な共同体関係が生き残っており、人々は個人として完全に独立しておらず、伝統や慣習に束縛されて、自由な意志で行動することを妨げられている。また、封建的な身分階層秩序が残存しており、家父長制的な家族関係、

家柄や格式が尊重される村落の風習、各種団体間の派閥における親分子分の結合など、社会のいたるところに身分の上下と支配服従の関係がみられる。さらに、また、精神、文化の分野でも昔ながらの迷信、非合理的な偏見、前時代的な意識などが根づよく生き残っており、特異の精神風土と民族的性格を形成している。このようなわが国の社会、経済、文化体制こそ、同和問題を存続させ、部落差別を支えている歴史的社会的根拠である。」

と喝破している。

喪中はがきをかたわらに、じっくり味わいたい文章だと想っている。

２０１１年２月号（２７５号）

N 公論に決すべし

『ヒューマンライツ』誌の「『ことば・表現・差別』再考」の特集が反響を呼んでいるという。二〇一〇年一〇月号の特集をかわきりに、翌年の二月号まで都合三回の特集が組まれている。特集以外にも、この問題にふれた記事がほぼ毎号載っている。さもありなんという感じと、意外という感じが相半ばする。

意外というのは、たとえば現在、企業にとって喫緊の課題として取り組んでいるものといえば、やはりセクシュアル・ハラスメントやパワー・ハラスメントなどの、いわゆるハラスメントに関するものがあげられるだろう。あるいは障害者に関する諸課題であろう。たしかに、働きやすい職場づくり、元気の出る職場づくりという立場からいえば、当然といえば当然といえる。

一方で、社内外への情報発信や、採用面接の場面などでよくいわれる、何の気なし、相手をリラックスさせるためなどの理由による、不用意な発言が問題を惹起《じゃっき》することがいまだにある。そのことからいえば、さもありなんということになる。

しかし、注意したいのは、ここでもリスク回避的に、ちょっとでも問題の感じられそうなことばに出くわすと、たちどころに使用を控えてしまうという態度だろう。

研究集会で

先日の人権啓発研究集会で、大阪大学の平沢安政《ひらさわやすまさ》先生のご講演のあとでことばに関する質問があった。そこで先生がご指摘なさっていたように、まず「広く議論をする」ということが、当然のことのようだが大事なのだろうと思う。議論をするということは、いろんな可能性を探るということである。危険がありそうだから即やめてしまおうという思考停止ではなく、議論をするなかでことばの可能性を広げるということが必要だろう。

その講演の折、質問に答えるかたちで、次のような例をあげられた。ある研修会で、「手短に」という発言をして降壇したあと、主催者が勝手に不適切発言があった旨、会場に伝えていたというものである。

ここでまず考えておきたいのは、そこでの発言の責任はあくまで発言者である平沢先生にあるのであって、平沢先生のお考えを聞くことなしに、訂正発言があったという事実である。もし、先生が得心されればご自身で訂正すればいいだけの話である。これは単なる手続き論であるばかりでなく、議論を前提とするべきことばの問題における大切な前提条件の欠如を意味する。

そして、次に体に関する表現が出てきたら、たちまち「ノー」と言ってしまう思考停止だ。やはり同じ講演でご紹介になっている、「視点」ということばはだめで「観点」という表現に一律に変更している組織があるという事実だ。これなどは、「眼のみえない人」に対する配慮というのだろうか。「眼のみえない人」には、「視点がない」とでもいうのだろうか。見るという行為は、眼だけでするものではあるまい。五感を通じて行いうるものである。これこそ、ステレオタイプな思い込みではないのか。もし、視点がだめなら視座もだめということになるのだろうか。

受け手側の感受性を無視せよ、といっているのではない。ここにはたいへんむずかしい問題がある。一〇月号で、平山藤五氏が「在日コリアンの人のなかには、魚屋さんの看板の『鮮魚』という文字を見てさえドキッとする人もいるし、また、あるアイヌの女性は、街で『アイスクリーム』という旗を見ても、自分を名指しされているように感じた」という例を紹介し、この問題を提起している。

研修などでこの平山氏の文章を紹介すると、「えっ、そんなことってあるの」という反応をする人が少なくない。「あまりにも極端な例で……」というのである。しかも、これはつくった例ではなく、実際にこの発言をされた方お二人を私も存じ上げていることを伝えても、なにか納得しがたい風情である。しかし、平山氏も述べているように、そういう事実があるということを、まずきちんと受け止めたうえで、さあどうするか。そこから議論が始まるのではないだろうか。

語の担うもの

医療関係者が用いることばで、「投薬」という語がある。これは、ある職種では「与薬」と言っている。「薬を投与する」という表現もあるから、どちらでもいいようなものだが、「患者さんに薬を与えるのに、投というのは乱暴だから与薬を使うべきだ」と説明されると「はて」と思ってしまう。「投薬」という行為自体は、摩耶夫人《まやぶにん》が涅槃《ねはん》に入らんとする釈迦《しゃか》に、天上から薬を投げ与えたという逸話による。そこにあるのは、わが子を救いたい一心の母親としての愛情である。薬を与えるにあたっては、そのような心持ちをもってあたれという、いわば心がけが含まれたことばだ。それを、単に「投」は乱暴だから「与」にせよでは、伝えるべき心が伝わらない。

私たち一人ひとりにプライベートヒストリーがあるように、ことばにも一語一語その担ってきた歴史がある。生きてきた歴史がある。それを無視して、表面上だけの上っ面だけの判断をしていいものだろうか。ことばによっては、人を差別し苦しめるために使われてきたものも存在する。場合によっては、そのためにあえてつくりだされた語も厳然としてあるのも事実である。だからこそ、使うにあたっては吟味が必要であり、議論が必要なのだ。

「視点」の例でもうひとつ引っかかったことがある。それは、文章の質ということに関してだ。

たとえば、いわゆる広告的な文章と報道的な文章、あるいはその両者と文学的な文章との違いだ。当然のことながら、広告・宣伝を主目的とする文章は、惹句《じゃっく》というものが必要になる。まず人をひきつけるということが欠かせない。耳目《じもく》を引くということがなければ、目的を達せられない。勢い誇張が入るということになる。それに対し、報道的な文章は、事実を事実として伝えるところに主眼があるわけだ。そのさい語彙の選択にあたっては、正確性を期しながらも、多少の幅があるはずだ。

それと対照的なのが、文学的文章だ。極端にいえば、そこで使用される語は、ほかに替えがたい。極端にいえば、そこの場合、その語でしかありえない。その典型が詩であろう。そこでは、その全体を受け入れるかどうかしかありえない。文章の質というものを考えるとき、大雑《おおざっ》把《ぱ》にいえば、この類型化ができるのではないだろうか。それによって、対応が変わってくる。「一律に」という対処の仕方は、まさに乱暴としかいいようがない。

もうひとつ私が気になるのは、このことばの問題をたいしたことではない、と考えている向きがあるということだ。私は仕事がら人権を考えるさい、ことばや表現を通して考えようとしている。その立場から意見を述べさせていただくこともある。そうしたおり、そこまで考えなくていいのではないか、大事なのは制度やシステムであって、そこをこそ論ずべきではないのか、という意見を聞くことがある。ある意味そのとおりではある。「障害」か「障がい」かではなく、障害のある人が障害ということを意識せずに暮らせる社会や制度をいかにつくるかに腐心すべきだ、ということだ。ある意味そのとおりだから、そう考える方は、そこから取り組むべきだと思う。要はアプローチの方法にすぎない。

もやもや感

『ヒューマンライツ』誌特集のこの盛り上がりの背景には、差別語や差別的な表現に対してなんかみんながもやもやしたものを日ごろからもっているということがある。それは、ひとつには、議論や検証がなかなかされにくいという雰囲気がある。これは、ひとつのことばに対しても、甲論乙駁《こうろんおつばく》、自由闊達《じゆうかったつ》に議論する方向にもっていく必要があることはいうまでもないだろう。

一方で、個人的には、もやもや感こそ大事だという想いもある。「人生がわかる本を三冊紹介してください」「三冊読めばわかるというものを」。こんな質問をされたら、質問されたほうは、むしろ試されているな、と構えてしまうのではないだろうか。しかし、人権についてとなるとしたり顔で、「あれとあれとあれね」などと答えてしまうことがありはしないか。

電車の中で、後ろの人のつり革が後頭部に触った。振り返りざま「気をつけろ。無礼者め。世が世ならば無礼打ちだぞ」と言った人がいた。思わず、笑ってしまったが、この大仰なアナクロニズムのおかしさは、当人が大真面目だからこそ際立つ。しかし、実際のところ、私たちは表現を考えるとき、これと同じことをやってはいないか。ある時代相のなかで、時代の意識のなかで、差別的な意識が一般にあり、そのことの反映として、今日からみれば差別的ととられかねない表現がある。それをも否定しようとする。これはやはりおかしい。

＊

今回の本誌の一連の特集がいわば呼び水となって、平沢先生のおっしゃるように、まさに広く議論が展開することを期待したい。先般の人権啓発研究集会ではすでにその予兆はあったわけだが。

２０１１年３月号（２７６号）

なぜ企業は人権に取り組むのか、もう一度

T

新入社員

この季節、数人で固まっている濃紺もしくは濃いグレーのスーツ姿ゆえに、それと気がつく新入社員。初々《ういうい》しいということばが当てはまる、不安と期待が入り交じった顔だ。もうそれぞれの会社で、新入社員研修はすんだだろうか。どんなすてきな出会いを得ただろうか。思えばいまから三六年前、私にもこんな新入社員だったころがある。私は一九七五（昭和五〇）年、学校を卒業し、今の会社の前身であるＮＫＫ日本鋼管という製鉄会社に入社した。その年の秋、広島カープが初優勝したので私は年休を取得し、あきれる上司の視線を浴びながら広島に帰り、優勝パレードを見に行ったことを思い出す。

いや、そんなことではなく、その年の人権週間の最中、「部落地名総鑑」購入事件は発覚したのだ。ただ、当然大きく新聞報道もされたであろうにそれを読んだという記憶はない。同和問題について、ことばは知っていたが無自覚だった。無自覚とは、「自分とのかかわりで同和問題を考える、意識する」ということはまったくなかったという意味だ。だから新聞を読んで

も素通りしていたのだろう。新入社員研修は一カ月間くらい続いたが、当時そのなかに人権研修は組み込まれていなかった。

新入社員研修のなかに人権が組み込まれたのは、私が人権担当になる少し前、一九八四、五年ごろのことだろうか。当時は三〇分程度の時間しか人権に割り当てられていなかったと記憶している。それを教育部署と交渉し、翌年は四五分に、その翌年は一時間にと延ばし、さらにそれを一時間半、もしくは二時間にしてもらうのに数年かかった。教育担当部署ですら「なぜ企業のなかで人権研修なのか」という時代だった。企業がなぜ人権に取り組むのか……。人権教育啓発推進法も、人権、環境などを主要な項目にした組織の社会的責任、SRにかかわるISO26000もないころのことだ。当時の私の人権研修での拙《つたな》い語りを振り返りながら、企業と人権という命題をもう一度考えてみたい。

企業は人権をどうとらえていたか

一九六五年「同対審」答申によって、企業は同和問題の解決に直接責任を負っていることを指摘されながら、組織的に動くことはなかった。その一〇年後に発覚した、「部落地名総鑑」購入事件に対する運動団体による糾弾と、それを通じて明らかになった差別体質への深い反省が、その後の企業の人権への取り組みの契機となった。当初は人権ではなく、同和問題への取り組みだった。それも「同和問題への知識理解と認識を深めること、採用活動において能力と適性にのみ基づいて採用選考すること」、ということが「同和問題への取り組み」だった。したがって「もともとは人事・採用部署の問題」という認識しかなかったように想う。

やがて企業を取り巻く人権には、同和問題だけではなく、人種・民族、障がい者、女性などに対する差別など、さまざまな問題があることがわかり、「幅広い（もしくはさまざまな）人権問題」への取り組みが行われるようになっていった。このころでも企業にとっての人権は「人権問題」であった。プロブレムだった。だから人権が「取り扱いを誤るとやっかいなもの、トラブルの元」「企業にとっては、せいぜい無縁のもの」だった（同旨　自由人権協会編『ニッポン企業人権宣言』）。

この当時は、なぜ企業が人権に取り組むのかという命題への私の答えとしては、企業もまた社会を構成する一市民だから、とか、コーポレートシチズンシップという考え方を前提として「企業もまた、社会のなかでコンセンサスの得られていることに反することをしてはならない」という言い方をしていた。ここでは「○○をしてはならない」「○○と言ってはならない」という、不作為の行動規範を学ぶということが人権研修の中心になってしまっていた。だから勢いリスク管理的な研修になりがちだった。

人権研修をリスク管理と考えることの誤り

企業におけるリスク管理とは、当該企業の人、モノ、財、イメージなどを外部から守ること、損失を未然に防ぐということである。この一環で人権研修を位置づけると、「どこまでなら許されるか」「どの程度までなら言ってもよいか」などという、いわば後ろ向きの許容範囲探し、線引きをすることになりやすく、積極的な経営課題として社員が一丸になって取り組むことにはなりにくい。また、人権を主張、標榜《ひょうぼう》する人びと、団体を好ましからざるものと見てしまうことになりやすく、大きな誤解、偏見を植え付けることにもなる。そもそも、もし「リスク」というならば、それは企業の側のリスクではなく、今日的には企業活動によって、その影響として市民の権利を侵害することになってしまわないか、という「市民の側のリスク」をこそまずは考えるべきなのだろう。そしてそのことが結果として企業のリスク管理にも資することになるとの視点が大事なのだと想う。

頭での理解を超えるために

企業が同和問題をはじめさまざまな人権問題に取り組み、企業の行為として、さまざまなステークホルダー（市民をはじめとした利害関係者）の人権を侵害しないことは当然である。それは今日では「企業の社会的責任」として明確に位置づけられている。ただ、これをほんとうに確実に実現するための、企業の人権研修を考えると、「人権を侵害しない、すなわち人権問題を起こさない」ようにするだけでは不十分だろう。

人権研修にあっては、単に頭で人権問題を理解するだけではなく、心の深いところで差別をはじめとする人権侵害の不当さ、理不尽さ、残酷さ、犯罪性に怒りを覚え、これをする者（加差別）が生き方として不幸であることを認識し、それをしない、させない、許さないという自分の生き方を考え、確立し、行動するにいたる研修をめざすべきだ。むろん、たやすいことではなく、このような研修は一朝一夕になせるものでもないし、いま私がやっている研修も、このレベルからは程遠い。

自分の問題として考える

ただ、数多《あまた》おられる大先達が大変なご苦労をされ、前述のような研修を創り出してこられている。そうしたなかに、「差別の現実に深く学ぶ」、「自分の問題として、わがこととして考える」という、私が大切にしたい視点がある。

「差別の現実に深く学ぶ」は、いうまでもなく全同教（やはり全人教ではなくゼンドウキョウが響きとして好きだ）の大切にしてきたスローガンだ。いまひとつ「自分の問題として考える」は、反対の「他人事としてしか考えない」ということを想い浮かべれば、これの大切さはすぐわかる。同和問題についての誤った考え方の代表例、研修を受ける側の「寝た子を起こすな」論は、この他人事意識から生まれるのだと想う。

ただ私は長い間、どうすれば自分の問題として考えることができるようになるか、研修のなかでどう投げかければ受講者が自己課題認識をもてるのか、悩んでいた。

文字どおり自分のこととしてイマジネーションを働かせる、想像する、生きて来し過去の自分の体験に、同じような差別事象がないかを振り返る、今の自分の身の回りに同じようなことがないか掘り起こす、そしてその差別と向き合う、どんな自分が好きかを考える、自分探しなどをすることが「自分の問題として考える」ことに近づくのではないかと、自分なりに考えてもきた。

人権問題ではない、人権

でも、もうひとつの視点があった。それが人権問題ではなく、人権を考えるということだった。プロブレムではない人権……。人権問題というかぎり、その当事者は「問題」にさらされ、苦しむ少数の被害者だった。多くの研修受講者にとっては、自分はそうでなくてよかったということになりかねない。しかし人権はすべての人が当事者である。人権は、企業にあっては社内研修を受ける社員一人ひとりのものである。

では、その人権が大事にされるとは、具体的な職場での行動として何が保障されることなのか。まわりの人びとの人権を大事にするとは、具体的な行動として何をすることなのか。ここで、私は「言ってもいいよ」ということだと説明している。自己表明権だ。職場で感じていること、想っていること、考えていることを話し合いの場に出してもよいという意味の「言ってもいいんだよ」。それは私は耳を傾けるよというメッセージでもある。そこにコミュニケーションが生まれる。そしてこのコミュニケーションは良質でなければならない。コミュニケーションだけなら、「談合」だってコミュニケーションだ、しかも濃厚な……。良質なコミュニケーションのために必要なことは、職場の一人ひとりに対する「パートナー認識」と、「敬意」ではないか。

会社を元気にする人権

「言ってもいいんだよ」と言っても、なかなか言いにくいこともあるかもしれない、だから会社全体で、どこかでだれかが耳を傾ける仕組みをつくる。それはガス抜きではない、問題意識の共有だ。顕在化だ。そのことで同種類似の問題発生の抑止力になるし、きっかけさえあれば、改善の方向に踏み出すこともできる。

そんなところで社員は元気になれるのではないか、自分の職場、会社に誇りを見いだせるのではないか、活《い》き活《い》きと働きがいを実感できるのではないか、そこでこそ能力を最大限発揮できるのではないか。そしてそれを会社が正当に評価したとき、社員はもっと元気になれる。そしてそれは安全性、効率性、創造性すらもたらすのではないか。それは企業競争力を生み、企業価値を高めることにもつながるかもしれない。

ここに企業が経営課題のひとつとして人権に取り組む、大きな意味があるのではないか。

人権は、会社を元気にするのである。

２０１１年４月号（２７７号）

東北に想いを寄せながら

T

たいへん遅まきながら、このたびの大震災で亡くなられた方々のご冥福を謹んでお祈りするとともに、被災されている方々に心からお見舞いを申し上げたい。一日も早い、平穏な暮らしの取り戻しを願わずにはいられない。

地震と津波、それに続く放射線問題という大災害のなかで、厳しい、過酷な生活を強いられている多くの人びとの前で、こういうときに自分は何ができるか、何をなすべきかを考え、そしてまったく無力の自分に思いいたる。救難活動に携わる消防、警察、自衛隊、医療機関、さまざまな関係行政・自治体、そして関係企業の方々の苦労は筆舌に尽くしがたいと思うし、またすぐに現地入りし、各種のボランティア活動をしている大勢の人びとの行動力とご労苦にも頭が下がる思いだ。

「今年の桜はいつごろかね」などとのんきなことを言っていたころ、大震災は起きた。それから、その桜の満開を意識したのもつかの間、時は移ろい、いつの間にか、もう梅雨《つゆ》時だ。時の経過だけは平等だと言ったのは住井すゑさんだったか。東北の被災地にも、この冷たい雨をもたらす梅雨は訪れてしまうのだろう。

あのとき、三月一一日金曜日午後二時四六分、私は東京都内のある大学構内にいた。ちょうどトイレに入ったその瞬間だった。突然の地鳴りと立っていられないほどの揺れ。ドアがバタン、バタンと音を立て開閉するなか、あわてて壁に何度もぶつかりながら廊下に跳び出た。悲鳴、怒号、そして激しい揺れが続き、床に座り込んでしまう人があちこちにいた。

この震災に関連して考えさせられることがいくつもあった。

生かされる命

被災者や救難、復旧に携わる人びとを応援しようと、「がんばろう、日本」を大会スローガンに定めて行われた選抜高校野球大会。開会式恒例の選手宣誓で、岡山創志学園の野山慎介《のやましんすけ》主将は「多くの尊い命が奪われ、悲しい気持ちでいっぱいです」と述べたあとで、「……人は仲間に支えられることで大きな困難を乗り越えることができると信じています。がんばろう、日本。生かされている命に感謝し……」と語った。「仲間に支えられ」「生かされている命に感謝し……」は、とても謙虚な、真摯で敬虔《けいけん》な心が伝わるあいさつだったと思う。阪神・淡路大震災の年に生まれたという一六歳のことばに教えられ、救われた。

義援金

各地で義援金の募金活動が繰り広げられている。被災地救援に何かをしたい、現地に行って身体を動かして何かをすることはできないけれど、救援活動はしたいという人にとってはありがたい。一人の小さな善意が積もり集まり、大きな力になる。

この募金活動、たとえば店頭などに募金箱がさりげなく置かれている場合はよいのだが、駅頭など人通りの多いところで、「よろしくお願いしまーす」と声を張り上げられてしまうと、気持ちが退いてしまうのはどうしてだろう。募金せずにその前を素通りする者に何か罪悪感というか、後ろめたさを感じさせる。それだけ、「お願いしまーす」には、まわりに対する一種威圧感がある。一生懸命募金活動をしてくれている人が悪いのではない、もちろんだ。申し訳なくも思う。ただ、貯金箱みたいな小さな口のあいた募金箱を手にした人の前に歩み出て、財布を開ける行為は少し勇気がいる。そこのところは募金を呼びかける人だってきっとわかってくれていると思うのだが。以前、永六輔《えいろくすけ》さんがラジオで、「あの募金箱、ダンボール箱そのままに大きく口を開けていて、通りすがりに投げ入れることができるくらいだったら、もっと気軽に募金できるのに」と言っていた。なるほどと思う。人に見られながら募金する自分への一種気恥ずかしさなのだろうか。

自粛

震災直後に、宴席、華美な行事は取りやめようという判断をし、社内にその旨通達を出した企業は多い。筆者の所属企業もそうだった。ただ、その後の原発問題もあり、通達などなくてもそれ以前の個人感情として、派手な「飲み会」や大がかりな公式行事は慎もう、する気になれないという気持ちにだれもがなった。それは鎮魂の気持ちにも通じていた。だから「通達」なんかあらたまって出すなよ、という思いもある。必要ないのである。

鎮魂の結果としての自制は文字どおり「自粛」であるべきで、他からの指示をいただき、従うことではなかろうに。単なる「申し合わせ」ならよいけれど、企業や組織の「然《しか》るべき立場からの声」には、違和感を覚えるのだ。通達を出す側が被災者の気持ちを慮《おもんぱか》り、念のために従業員、組織構成員に対して注意喚起して自制を求めるのならまだわかるが、まわりを気にして「顰蹙《ひんしゅく》をかうことのないように」という注意だとすると、それは何なのだろう。別の言い方をすると「世間体」を気にするということか。こんなところにも「自我」「主体」の欠如があるのだろうかと思ってしまう。人として大切なことは、自分で考えよう。主語を一人称にして考えたいと思う。

テレビからもバラエティ番組が消え、現地からの報道や特番が組まれ、コマーシャルの「自粛」も続いた。代わりに乳がん撲滅キャンペーンや思いやり、エチケット奨励、金子みすゞさんの「こだまでしょうか」が繰り返された。公共広告機構の歌うようなフレーズ、「エーシー」が耳に付いた。ただそれは鎮魂に向けられた、また被災者以外の人びとにとっては癒しのための必要な期間だったようにも思う。

被災地の人びとのそれとは比べるべくもないが、繰り返し流される津波や原発の映像に、すべての人がある意味では傷ついているのだとも思う。

代償はあまりにも大きいけれど

それからやがてひと月、「復興」「がんばろう、日本」があちらこちらで提唱されてきだした。コマーシャルもバラエティも、東北を意識に留めながらも少しずつ元に戻りつつある。生産者の被災と物流ルートの打撃から生じた物不足と、それに拍車をかけた不要不急なモノの買い占め、そこからまたモノ不足に陥る悪循環、という大いなる反省材料はある。節電もいままで以上に切迫感をもって語られ、だからそれなりに徹底もしてきた。町のあちらこちら、商店の店先に「節電のために照明を落としています」の張り紙。駅のコンコースも薄暗い。ある役所の庁舎廊下は、防犯上大丈夫かというほど暗い。家庭でも気がつくと照明を落とし、エアコンを切り……。たしかに、当たり前になっていた「電気のある生活」を見直すきっかけになった。そのために払われた代償はあまりにも大きいが。

たしかに、被災地以外の消費が萎縮し日本経済全体が停滞することは、被災地にとってもマイナスだ。「当たり前の日常を送ってほしい、東北の酒を、産物を普通に消費して」という現地からの声に救いを得たかのように、経済が動きだしたのはよいことだと思う。

被災地に想いを致し、心を込めて誠実に自分の日常を過ごすことしかできない。ただ、少なくとも忘れまい、風化させまいと強く思う、今度こそは……。

阪神・淡路大震災

一六年前のゴールデンウィーク、阪神・淡路大震災から三カ月あまりが過ぎたころ、神戸《こうべ》市長田《ながた》区の黒こげのビル跡や瓦礫《がれき》の民家を見て、ボランティア活動に加わるようになった。以降、仮設住宅が解消されるまで、週末に新幹線を利用して幾度となく現地に通い、市内の被差別部落にある団地を一軒一軒訪問して、安否確認と話し相手になるという活動に携わった。大勢の被災者、部落差別との出会いがそこにはあった。だからこそ社内研修では当時、確信をもって「戦争こそが人権侵害の最たるものといわれています。そして大地震や風水害などの天災もまた同じく……」などと語っていたのだが、実感を伴って語ることができていた自分のことばが、やがて実感の伴わない薄っぺらなものになってしまっていると感じるようになった。一六年の歳月は、私にとって強烈な印象だったはずのものをも確実に風化させてしまっていた。

それは生命、安全、安心が確保されないという重大な人権侵害を、漠然とした情念の世界でのみとらえていたからではないかと想っている。情念、感性で受け止めることは大切だけれど、それだけで終わってしまっては「さめやすい」ということか。情念、感性での受け止めから、それを命、尊厳、健康で文化的な最低限度の生活を営む権利、教育を受ける権利、勤労の権利、居住の権利などがまったく保障されない、もしくは不完全にしか保障されない、という個別具体的な権利侵害として認識しなければならないということだろう。そうでなければ、権利回復の道筋すら見えてこないのではないか、そんな当たり前のことにいまごろ気づかされている。

ところで、八・六を何の意識もせずヒロシマと認識できる私は、一・一七を神戸と意識しつづけることができなかった。三・一一を終生、東北と意識しつづけることができるだろうか。したい、しなければ……と想う。

2011年6月号（279号）

福田村から考える

常磐《じょうばん》自動車道の柏《かしわ》インター（千葉県柏市）を降りると、国道16号に出る。北へ向かえば野田《のだ》市、南に下れば柏市街ということになる。この16号線に並走するかたちで県道7号（我孫子《あびこ》・関宿《せきやど》線）がある。この県道を野田方面に七キロメートルほど行くと、右手に円福寺大利根《おおとね》霊園入り口と書かれた案内板が見える。そこで右折をすると右手に円福寺がある。道に沿って、寺務所の先に寺の駐車場がある。その先はもう、利根川の河川敷のゴルフ場だ。その駐車場の一角にその碑はある。

追悼慰霊碑と書かれた黒く大きな碑の裏側に回ってみると、「大正一二・九・六日没　十霊々名」とある。胎児、二歳、四歳、六歳……、そして最年長は二九歳の二名だ。その末尾に、平成一五年九月六日、福田《ふくだ》村事件八〇周年の文字と「福田村事件を心に刻む会」と「千葉福田村事件真相調査会」のそれぞれの会長名が記されている。碑の右横の塔婆《とうば》立てには五本の塔婆。塔婆の裏側には「何ごとのおわしますかは知らねども　かたじけなさに涙こぼるる　西行法師」。

＊

福田村事件という、関東大震災の混乱のなかで、香川県の被差別部落の住民が、遠く行商にきていた千葉県の福田村（現在、野田市）で犠牲になったという痛ましい出来事。この出来事があらためて明らかにされたのは、二〇〇〇年のことだ。調査を始めた香川県の歴史研究者は、この行商の一行のリーダーの位牌《いはい》に「大正一二年、千葉県ニ於テ震災ニ遭遇シ三堀渡場ニテ惨死ス」という記述を見つける。「三堀」というのは、現在も「三ツ堀」として残る付近の地名だ。ここから香川・千葉の有志の連携による調査が始まる。

関東大震災の混乱のなかで、井戸に毒を投げ入れたという流言蜚語《りゅうげんひご》により朝鮮人が虐殺されるという出来事があったことは、今日では教科書などにも記載のある、歴史的な事実である。しかし、四国から行商にきていた人びとが、おそらくはことばが変だというような理由で、朝鮮人だとされ、襲撃されたということは、いかに混乱のさなかとはいえ、どう考えればいいのだろうか。慰霊碑にもあるように、胎児や二歳、四歳といった幼子までもが含まれている。

事件当日、一行が泊まったとされる中野台（野田市）というあたりから現場である三ツ堀の渡し場あたりまで歩いてみた。ゆうに一〇キロメートルはあるだろう。重い荷物を携え、大八《だいはち》車《ぐるま》を引き、幼子を伴った移動は厳しいものであったにちがいない。そして渡し場近くに到着したあと、近くの香取神社で休憩をとっているときに事件は起きる。現在、細長い境内はきれいに清掃がされ、手入れも行き届いている。ここから一区画先の角を曲がり坂を下れば、渡し場はすぐそこのはずだ。一行はそこで渡船に乗り、対岸の茨城県にわたるはずであった。

事件そのものは、「福田村事件を心に刻む会」「千葉福田村事件真相調査会」が、『福田村事件の真相』などにまとめていて、相当程度明らかになっている。一行一五名のうち、からくも生き残った当時一三歳のO氏の聞き取りなどもなされている。事件の背景には、時代相や関東大震災直後の不安な世相なども大きく関係しているのかもしれない。ただ、どのような理由、状況があったにせよ、このような事件が起きてしまったのはまぎれもない事実である。そして、いつも、震災直後という未曾有《みぞう》の混乱のなかで、というただし書きがつくのだが、そのただし書きが大事なのだと思う。

＊

あるテレビの番組で、残虐を極めた殺人事件の死刑囚に対する取材者の感想を聞いた。慎重にことばを選びながらも彼は、残忍で粗暴というよりもむしろ弱さややさしさを感じさせる犯人像のギャップについて語った。不幸な生い立ちを背負っているにせよ、そのなした行為とは直結しないようにみえる現在のありよう。この事件の複数の犯行者たちは、むしろ内面ではその犯行をやめる方向に意識が向かいつつ、現実には犯行をエスカレートさせてしまう心理。これを集団心理といってしまっては、あまりに簡単すぎるだろう。

極悪非道の顔をした人間が残忍な犯人であったとするなら、話はわかりやすい。いや、姿形だけではない。関係者による事件後の「なんであの人が」という周囲の反応は決して珍しいことではない。

今回の東日本大震災にさいして、日本国民の民度の高さということがいわれた。とくに、外国からは高く評価されている。事実、義捐《ぎえん》金は一〇〇〇億円超も集まっており、ボランティア、支援物質も相当程度集まっている。また、自らも被災者でありながら、被災者のために献身する行政職員や消防団員などが報道で紹介されてもいる。これは賞賛されてしかるべきだろう。

しかしながら、時間の経過のなかで、被災者差別ということもいわれはじめている。とくに、福島での原発事故の深刻さが伝えられるにつれ、福島ナンバーの車が落書きされる、ホテルの宿泊を拒否される、子どもが「放射能がついている」といじめられる、などということが現実に起きているのである。

たしかに、一般的には今回の事故が起きるまで、放射能や原発に対する知識は十分とはいえなかったし、そこからくる不安は大きなものがあるだろう。その不安が他者に向かうのかもしれない。

私が、福田村事件の跡を歩いてみよう、と思ったのは、この事件の新たなる事実を発見してみようとの意図からでは、もちろんない。程度の違いはあれ、いや、その違いこそ重要なのかもしれないが、震災という極限状況のなかで私たちがとってしまった、あるいはとってしまうであろう行動の意味を考えてみたいと思ったのである。それを、私個人の感覚として感じ取ってみたかったのである。

＊

二〇世紀の小説に決定的な影響を与えたとされるマルセル・プルーストの長編『失われた時を求めて』。その三人目の個人全訳に挑んでいる吉川一義《よしかわかずよし》氏が、近刊の第二巻『スワン家のほうへII』の訳者あとがきで、東日本大震災にふれている。いわば古典ともいえる文学作品の、しかも翻訳の、訳者あとがきとしては異例のことといえるかもしれない。氏は、飛行機の中で一報を得て、その後、その惨状を知るにつけ涙が止まらなかったと記す。しかし、そこから救い出してくれたのもまたことばの力だという。

フランス第三共和制下の上流階級の変容を批判的にとらえることを通してとらえたプルーストの人間観は、ともすれば心あたたまる人間の連帯感を欠き、悲観的で冷酷であると評される。そのことを認めつつも、吉川氏は、「しかし惨禍にどれほど心を痛めている人の心にも残酷なエゴイズムが潜んでいることも、これまた事実である」「プルーストが容赦なく描きだした人間の偽善と虚妄は、……私を含めたどの時代の人間にも当てはまる普遍的認識として提示していると考えるべきであろう」、そして、「量産される連帯の物語にありがちな人間の善意礼賛ではなく」「人間の真実から目をそむけぬ人間認識からきたもの」であり、それゆえに救いの認識にもなる、と結ぶ。

被った大きな災害の前例として、復興策の見本としてのみ論じられることの多い関東大震災。だが、そこから学ぶべきことのひとつに、朝鮮人虐殺に代表される災害時の差別に起因するさまざまな出来事があるのではないか。

＊

九月一日に起きた関東大震災は、東京では、市面積の四割強の地域で建物が崩壊・焼失、人口の六割が被災し、死者・行方不明者の合計は九万人に達した。その後のパニック状況のなかで、二日には早くも戒厳令が施行され、甘粕《あまかす》事件や亀戸《かめいど》事件なども起きているのだが、これらがいわば「混乱に乗じた」という側面があるのに対し、朝鮮人虐殺事件とされるものは警察の扇動を重視する見方もあるなかで、やはり自警団組織の役割が重い。

そして、福田村事件でいえば、駐在所の巡査や野田署から駆けつけた警官は沈静化の方向に動いたとされている。だからこそ、関東大震災で起きた虐殺事件のひとつとしての構造ではなく、福田村という場所で、香川県からきた薬の行商人の一行が、不当に死にいたらしめられたという具体的事実をこそ感得することが必要なのではないか。当然のことながら、九〇年近くたった現在では、そこまでのことは起きていないというのではなく。

＊

県道7号をふたたび柏方面に歩いてくると、利根運河に差しかかる。利根川と江戸川を結ぶ人工一級河川だ。その土手道を若い夫婦が幼子の手を引きながら談笑し歩いている。このような日常の幸せはだれにでもある瞬間のはずなのだが……。

2011年7月号（280号）

「強制」は人権侵害

T

愛唱される歌

「六、八、九の歌」というのがある。永六輔《えいろくすけ》さん作詞、中村八大《なかむらはちだい》さん作曲、坂本九《さかもときゅう》さん歌唱の三人の組み合わせの歌のことで、「上を向いて歩こう」が代表作だ。一九六一年、ＮＨＫ「夢であいましょう」のなかで発表され、レコード発売（いまとなっては、もうこの語も死語か）されてから国内外で大ヒットしたことはよく知られている。

その歌が東日本大震災の被災者の鎮魂、癒し、さまざまな立場で復興に努める人びとを応援し、想い・心をひとつにするすべての人びとの願いの歌として愛唱されているという。

坂本九さんご自身が犠牲になった、日航ジャンボ機墜落事故の鎮魂歌としても歌われてきた「見上げてごらん夜の星を」もそうだが、心が込められた詩が、美しく、ふさわしいメロディに出会い、万感を込めたプロの歌い手によって歌われ、やがて人びとが口ずさみ、愛される歌となる。そんな歌は、自然に広く大勢の人びとの支持を受ける。困難なとき、辛《つら》いとき、それこそ涙があふれるとき、そっと口ずさみ、まわりの人とのつながりを感じたなら、きっと人は少しだけ元気になれるのだと想う。愛される歌とはそういうものだろう。だれかにこの歌を歌え、敬えなどと言われて、ほんとうに愛される歌など生まれるはずもない。「歌え」と言われた瞬間、人びとの心は、命じた人とその歌を嫌悪、拒否するのではないだろうか。

君が代起立条例

そんなことがわからない行政の首長がいる。困ったものだ。

大阪府は、「君が代起立条例」なるものを成立させた。正式名称は「大阪府の施設における国旗の掲揚及び教職員による国歌の斉唱に関する条例」だ。第四条で「……国歌の斉唱にあっては、教職員は起立により斉唱を行うものとする。ただし、身体上の障がい、負傷又は疾病により起立、若しくは斉唱するのに支障があると校長が認める者については、この限りでない」と、一応「但し書き」があり、「配慮をにじませる」ところが姑息《こそく》だ。この部分を「ただし、自己の信条、良心に照らし、起立、若しくは斉唱するのに支障があると自己が判断する場合は、この限りでない」とでもすれば立派なものだが。

今回の条例によって起立斉唱義務が生じることになる。さらに九月にはこの義務に従わない教職員を処罰する基準を定めた条例を提出するという。大阪府知事が代表を務める「維新の会」が「府議会多数派」を力として、選挙公約にもなかったことを強引に決めた。それこそ議会制民主主義の「威信」にかかわる暴挙ではないだろうか。

日の丸、君が代をめぐっては、とくに第二次世界大戦における日本の軍国主義の象徴として、文字どおり「旗印」として使われた事実から、さまざまな意見があるところであり、国旗国歌法制定のときにも賛否双方からの議論があった。だから東京都教育委員になっていた某棋士が「日本中の学校において国旗を揚げ国歌を斉唱させることが、私の仕事でございます」と述べたのに対して、天皇が「やはり、強制になるということではないことが望ましいですね」と答えたことは有名な話だ。

強制ということについて

問題は三つある。ひとつは、この件が思想信条、主義主張、価値観、人生観などによって多様な意見があることを承知のうえで、これを数の論理でひとつの方向に行動を強制することだ。この点について知事は、「思想良心の問題でなく、組織マネジメントの問題」「公務員は身分保障がありすぎて組織の体をなしていない。公務員に（起立斉唱しないという）自由なんてない」としているが、果たしてそうか。以下に示す最高裁の各小法廷はそのようには判示していない。この点が府議会のなかで十分に議論されたのだろうか。

二つ目は、国、郷土、地域や所属する団体などに対する「愛着」を強要することだ。愛国心、郷土愛、愛社精神、愛校心などは、「強制」されて生まれるものではない。愛するにふさわしいと実感できたときに自然に芽生え、育つものだ。自生するものだ。その自生を自覚するからこそ強固にもなる。力で強要された「愛」ははかなく、脆《もろ》く、むなしい。「強制」は「愛」からもっとも遠いところにあるものだと私は思う。

三つ目は、これが子どもたちと向き合う教育現場を対象になされたことだ。子どもに、みなと違っていいんだよと、多様であることと議論することの大切さを伝えようとする教職員は、その良心と抗しがたい「服務規律」との間に板ばさみになる、そんな状況を多数の力でつくりだす、強制するのが今回の条例だ。

この君が代斉唱に関しては、五月から六月にかけて最高裁の三つの小法廷のすべてが相次いで、起立斉唱を義務づけた東京都教育委員会通達について合憲判断をくだした。合憲判断ではあるが、いずれも起立斉唱の義務づけを「思想や良心の自由を間接的に制約する行為だが」としたうえで、「教育上の行事にふさわしい秩序の確保を目的としたもので、憲法には違反しない」と判示したものだ。また弁護士出身の二人の裁判官は「歴史観に反する行為を強制するものので、憲法に違反しないかどうか厳格に検討すべきだ」、「精神的自由権の問題を多数者の視点から考えるのは相当ではない」、「(起立は別として)国歌を歌うことまで強制するのは、思想・信条にかかる内心の核心的部分を侵害すると評価しうる」として反対意見を述べた。

ここでもキーワードは「強制」だ。

日の丸、君が代について私は私なりの意見をもっている。二人の子どもたちの学校行事に幾度となく参列したが、君が代を歌ったことはなかった。保護者席で着席したまま、斉唱に加わらなかった。私は君が代を斉唱したいという人の価値観はもちろんあっていいし、同時にそうではない私のような価値観もあっていいと想っている。ただ、「強制」はＮＯ《ノー》だ。

なぜ「強制」を人権上問題にするかといえば、それは強制が、「自己の見識、価値観にもとづき、自由な責任ある判断をする権利、すなわち自己決定権」を奪うことになるからだ。それは表現の自由を圧殺することだ。すなわちそれは「人権」の根幹をなす「個の尊重」を侵害することだからだ。

大阪府といえば、一九八五年に全国に先駆けて、部落差別につながる身元調査を禁じた条例を制定し、また先ごろはこの条例の禁止事項に土地調査を含めるなどして、部落差別を「法令」で禁止する先鞭《せんべん》をつける役割をしているだけに、今回の「日の丸、君が代強制」は人権担当者として残念に想う。

高校生のころ

かつて本誌拙稿で述べたことだが、いまから四十数年前、広島県のある県立高校で卒業生総代の女子生徒が校長の眼前で卒業証書を破り捨てるという事件が起きた。その理由は、その後の緊急生徒集会での彼女の弁を要約すれば、「目先の受験への対応に追われ、社会で起きているさまざまな問題を直視して議論を重ね、自分の意見を持つということもなく、ただ毎日を繰り返した自分の高校生活と、問題意識を持たない学校や生徒会執行部への不満」ということだったように想う。この現場に生徒会役員として居合わせた私たちは衝撃を受けた。

彼女の行動の是非は別にして、重たい問題提起と受け止めたわれわれは、自分たちの高校生活とは、青春とは何か、いま全国で起きている大学紛争とは何を意味するのか、全学共闘会議の運動の背景にあるものは何か、そうした社会の動きと自分たちはどうかかわるのか、そして卒業式の日の丸・君が代はどうするのか、などについて徹底的に議論し考えることにした。さっそく「卒業を考える会」を立ち上げ、受験勉強そっちのけで連日議論を重ねた。そこで学んだことが、「まずまわりの意見に耳を傾ける、そして自分で考え、自分の意見をもつ、自分の意見を表明する、そしてそれができる社会を大切にする」ということだった。

逆にいうと、「昔からやっているから」という「歴史性」と、「みんながやっているから」という「社会性」の前で、少しおかしいな、変だなと想うようなことに対しても、「ま、いっか」と流される、思考停止に陥る、意見表明を逡巡《しゅんじゅん》することの、主体性・責任のなさ、自己の放棄はやめようということでもあった。結局、その年度末の大学受験にはみんな失敗したが、後悔はなかった。このときの学びと想いはその後の私の人生の、そして人権啓発担当者としての原点になっている。

強制されない愛校心

私が大学に入学した年の秋に、当時のご多分に漏れず学費値上げ反対闘争が組まれ、学校のバリケード封鎖が行われて、その後半年間、授業が行われないという異常事態が続いた。学生は自主的に数人ずつ集まって勉強したり、サークルやアルバイトに忙しく、それなりに過ごしていた。

そんなあるとき、大学野球部のシーズンの公式試合が行われた。その応援に出かけた私は、観戦するスタンド席に思いがけない人物を見つけた。当時学校をバリケード封鎖していた、あるセクトの顔なじみの学生が母校を応援にきていたのだ。「権威主義的」「保守的体制的」大学の「解体」を主張するセクトの「戦士」が、愛校心の表れよろしく、母校の野球チーム応援にくるという、そのアンバランスに思わず笑ってしまった。セクトの軟弱なところなのかもしれないが、愛着とは本来そうしたものではないか、とも想う。

ちなみに私は彼の学生運動にかけるひたむきさと、その一方での愛校心、自分の進級にむけた単位取得のための熱心さの同居が好ましく想え、私とてそれほど熱心な学生ではなかったが、試験前に第二外国語の訳本を貸してやったりした。

２０１１年８月号（２８１号）

石井十次という男がいた

石井という輝き

大正三年、石井十次《いしいじゅうじ》はその波乱に満ちた生涯を閉じる。享年四八歳。そして大正一五年、石井の手塩にかけた、そして生涯そのものともいえる岡山孤児院も活動を休止する。この一事をもってしても、日本で初めてというこの孤児院の成功が、石井の類まれなる力量によるところが大きいことがわかる。

今日、石井十次といって、その正体を即座に返答できる人がどれほどいるだろう。石井のなした功績に比べれば、死後の名声は実に微《かす》かなものでしかない。ましてや、戦後、石井の衣鉢を継ぐかたちで児島虎次郎《こじまとらじろう》によって石井の事業がふたたび立ち上げられ、今日もなおその活動が続けられているということがなければ、石井の功績は歴史のかなたに消えてしまったかもしれない。

一九〇五（明治三八）年。この年号を見て、私たちが一般に思い浮かべる出来事といえば、日露戦争の終結であろう。教科書などに日比谷《ひびや》公園でのちょうちん行列の写真を見た人は多いだろう。しかし、この年、東北三県（岩手、山形、宮城）を大凶作が襲ったことを知る人はいまや多くはないだろう。そのすさまじさは、当時「天明以来」といわれたことからもわかる。「天明の大飢饉《ききん》」とはたとえば、こんなふうだ。

天明二年諸国凶作、同三年は特に凶作にて奥州は最も甚だしく、翌四年にかけて餓死する者、津軽は八万七千余人、斃馬一万七千余頭、南部にては、疫病にて死せる者を合せ、六万四千余人に及ぶ。

（今井金吾「武江年表」補訂稿）

この天明の大凶作に匹敵するという一九〇五年の大凶作のなかで、多くの農民は、窮状から、やむをえず自らの子どもたちを手放すことになる。娘たちは売られ、巷《ちまた》に浮浪児としてさまよう子どもたちも多く現れた。

こうしたなか、無制限収容の前提のもと、子どもたちの収容に努めた孤児院がある。岡山孤児院。実にこの以降、子どもたちの数は増え、最大一二〇〇名の収容者を数えることになる。

「之等の同情深き人達の笑顔に迎えらるるや独り寂しき夢路に東北の天を辿れる孤児は嬉し気に経ち腰掛に上り車窓より半身を突き出して叔母様、伯父様と叫び、……」とは、「凶作地孤児の西下」と題した京都の「日出《ひので》新聞」の記事である。東北の凶作地から岡山への移送途次、京都駅頭で多くの支援者の歓迎に応える孤児たちのさまを描写したものである。このときの孤児は、二七四名だったという。そして、この駅頭の歓迎ぶりをみれば、すでに支える多くの人びとがいることがわかる。

石井は、「緻密な計画にたって大胆に実行する」、という人ではない。岡山孤児院設立の経緯からして、まず、たまたまかかわりをもつことになったお遍路の女性から、一人の男の子を預かることから始まる。それがすぐに二人になり三人になるという経緯だ。クリスチャンである石井にとって、困っているものに手を差し伸べるということは、当然の行為と考えられたのかもしれない。

しかし、院を開設して間もないころ、食べるものにも窮し、院の子どもたちと祈るという行為しかできなかったこともある。結果として、その祈りが通じたかのごとく、賛同者の善意で救われることになるのだが、このように、計算ではなく、まずするべきことがあれば躊躇《ちゅうちょ》なく行い、方策はあとからついてくる、というのが石井のスタイルのようだ。

もちろん、石井とて、それなりの成算を考えてのことだろうが、少なくとも、計画立案まで動かないとか、経済状況を理由に進むべき一歩を踏み出さないということは決してない。

現在、宮崎県の茶臼原《ちゃうすばる》の台地にある石井記念友愛社を訪れることによって知ることになった、石井十次の生涯と活動は、実にさまざまなことを考える機会を私に与えてくれた。

直情径行の石井は、子どもたちに対する教育のなかで、思わず手を上げることもあったようだ。また、資金調達のためにいち早く楽器をアメリカから購入し、音楽隊を組織し全国をまわり募金活動をする、駅頭に岡山孤児院と大書された真っ赤な募金箱を置くなどの事業家的才覚は、一方で、山師、子どもを食い物にしているなどの、心ない中傷、非難を生むことになる。

逆のエピソードとして名高いのが、かつて教材などにも紹介されていた「縄のおび」のエピソードだ。

七歳のころ、母に新しい紡ぎ帯をもらう。晴れがましい気持ちで出かけた神社の境内で松ちゃんがいじめられているのに出会う。松ちゃんは、友人だが、貧乏でゆかたはぼろで縄の帯を締めている。そのことを言い立てられ、いじめられているのを見た十次は、自分の新しい帯と松ちゃんの縄帯を取り替えてやる。が、そのことをどのように母に言うか。悩みながら家路に着くと、母は叱るどころか、十次を誉《ほ》めて頭をなでてくれる。「よいことをした」。いかにも戦前の修身の教科書にありそうなエピソードではある。しかし、後年の石井の行動そのものが、このエピソードを首肯させる力をもつ。

見ることと知ることと

今年は、三月に東日本大震災があり、九月の頭には、台風12号が紀伊《きい》半島を中心に襲い、大きな被害が出た。地震、津波、台風と自然の猛威を見せつけられた思いがする。

東日本大震災のあと、関西の方と話をしていて、この震災に関する受け止め方に若干、温度差というか、ニュアンスの違いを感じることがあった。

その後、台風12号の報道に接するなかで、私自身の受け止め方を振り返ってみると、被害が関西方面に集中していることもあるのだろうか、うわー大変だなー、と思う一方、やはり切迫感というか切実感がいまひとつ弱い、気がするのである。

この違いはどこからくるのだろう。ひとつには、もちろん物理的な距離、ということがあるだろう。しかし、それだけではない。

私たちは、こういった災害の情報を、大抵の場合、まずメディアを通して得る。主に新聞やテレビだ。とくに、映像のインパクトは強い。多くの建物や市街地が津波に飲み込まれていく。これを映像で見る。このインパクトはものすごく強い。ここに落とし穴があるような気がする。

ヴァーチャルリアリティということばがある。仮想現実。リアリティがあればあるほど、それが、現実そのものではない、ということを忘れてしまう。現実のように見えながら、自分には害を及ぼしてこない、仮想の現実。そこでは、大変だな、とかかわいそうとかいう感情が優先されるような気がする。しかしながら、基本的には「他人事」なのだ。

東日本大震災のあと、多くの方が現地に入った。そうした人たちから聞くのは、はるかかなたまで続く瓦礫《がれき》の山、そして強烈な臭い、当然のことながら、切り取られた部分でしかないテレビ映像の画面からはうかがい知ることができないものがそこにはあり、音はともかく臭いについていえば、映像からはまったく伝わってこない。

しかし、この至極当たり前のことが、圧倒的な臨場感をもった画面の前では、ともすれば、忘れがちになってしまうのである。

知ることの価値

あるテレビの番組で、日中米の大学生が議論をしているのを観た。原発を継続するべきかどうか、との問いに対して、すでに原発を通して得られる電力を享受することを前提に構築してしまった社会において後戻りはできない（この話を聞いて、原発を推進してきた技術者あがりのある大学教員が、「（原発を止めることは）乗客を満載したジェット旅客機で、飛行中にエンジンを止めるようなものだ」という譬《たと》え話で恫喝《どうかつ》的説明をしていたことを思い出した）など、さまざまな理由を述べ、「継続すべし」と答えた若者たちが、では、あなたの隣に原発をもってくることに対してはどうか、との問いに対しては、素直に「否」と答えているのである。

私は、この若き知性たちの議論を聞いていて、なんとも暗い気分に陥ってしまった。

私たちはかつての時代に比べれば、圧倒的に多数の、そして臨場感溢《あふ》れる情報を、時間差なく受け取ることができる。そして一部の専門家や研究者でなくとも、その事実のもたらす意味を一定程度、きちんと分析することができる。

しかし、石井にあって、いまの私たちにないもの、それは何だろうか。それが知りたいと思う。それは、石井の信仰や生まれ育った宮崎県高鍋《たかなべ》の思想的伝統が深く関係しているのかもしれない。愛読したというルソー的思想の影響もあるのかもしれない。おそらく、単一のものではないのだろう。

だが、いま石井的実践の人を見ることはできない。

２０１１年10月号（２８３号）

「みなまた」に学ぶ

N

私の頭髪の水銀含有率は五・六四ｐｐｍである。二〇〇六年には、五・九七だった。ほとんど変化はない。その前、二〇〇二年には、一〇ｐｐｍを超えていた記憶があるが、手元に記録がなく、けっこう高いな、と思った印象が残っているだけだ。

一般的には、男性は、〇・三〜七・〇、女性は、二・〇〜五・三の範囲に多くの人が収まるという。

熊本県が一九六〇年から六一年にかけて、一斉検査を行ったおり、御所浦《ごしょうら》地区で、九二〇ｐｐｍという値を記録した住民がいた。この関係者は、のちに、土本典昭《つちもとのりあき》氏のインタビューに答えて、あのとき、あの検査結果がなぜ生かされなかったのか、と述べている。明らかに通常の範囲を大きく超えていたからこそ、再々の検査が引き続き実施されたのであろうに。

細川一《ほそかわはじめ》という医師がいる。一九五六年五月一日、水俣《みなまた》保健所に「いままでになかった新しい病気が出ている」と届け出た。これが水俣病公式確認の日とされている。爾来《じらい》、五〇年余。

特措法の申請期限を今年の七月末と国が定めたことにより、国のめざす最終決着にむかって事態は進行している。

今年、四年ぶりに水俣を訪れた。第二六回の人権啓発研究集会が熊本市で開かれたのに合わせてだ。「水俣病」という名前を初めて聞いたのは、たぶん小学校時分だ。公害ということばも一緒に覚えた気がする。宇《う》井《い》純《じゅん》氏の『公害原論』を読んだのは大学時代か。何年か前の新聞に新入社員に聞いたアンケートがあった。会社があなたの良心に反する仕事を指示した場合、あなたはどうするか。約五五パーセントができるかぎり避けると答えていた。この数年の厳しい採用状況になる前の話だ。

私が、細川に興味をもつのは、チッソ水俣工場の付属病院長として、つまり企業内の診療所の責任者として、会社に不都合な事実を発見し、そのディレンマのなかで医師という立場からそれをどう克服していったのか、という点だ。

工場の排水を用い、水俣病を発症させることに成功したいわゆる「猫四〇〇号」の実験結果の公表をためらった背景には何があったのか。

あるいは、一方で科学者としての功名心もあったかもしれない。医師、あるいは科学者としての良心といったとき、細川の抱えたものは大きかったにちがいない。「企業の論理と、科学者としての良心のどちらが大事か」等々、彼の発したことばは多く残されている。

*

水俣と福島との共通性ということがいわれる。人権啓発研究集会のおり聞いた原田正純《はらだまさずみ》さんの「水俣から学ぶべきはまず、食物連鎖。魚に蓄積され濃縮された毒物が、その魚を通して人に蓄積された。福島の放射能も広い海に拡散するから、という論理は、まったく水俣からなにも学んでいない」との指摘は胸に響く。そして差別。五万人の人口のうち四〇〇〇人がチッソで働くという地域であってみれば、その工場に原因があるかのような言動は当然、親戚間といえども軋轢《あつれき》を生む。

いま、水俣での事態の進展をあらためて見てみると、驚くべきことに、一九五六年五月に細川が「新しい病気」を疑った、はや一〇カ月後、五七年一月には、国立公衆衛生院の合同研究発表会で、魚介類の摂取が原因との一応の結論に達し、その六カ月後の同年七月には、厚生科学研究班の研究報告会で、原因物質は特定できないものの、なんらかの化学物質によって汚染された魚介類を大量に摂取したことによって起こる中毒症であることが結論づけられている。

そして一年後、五八年六月の参議院社会労働委員会では、厚生省環境衛生部長が、水俣病の原因物質が「水俣市の肥料工場から流出したことが推定される」旨、答弁している。つまりは相当のスピード感をもって、原因究明については進んでいるのである。しかし、ここでも行政の対応は遅々としていた。当該企業の消極性の前に、有効な対策が打たれていないのである。

いま、環境省の水俣病特措法の申請期限切れを前に、潜在的被害者救済を訴える団体もある一方、「法外な手数料をとって申請代行をするブローカーの存在」などを理由に七月申請期限に賛成する患者団体もあるという。一部の悪徳業者の存在を理由にいわば、同じ被害者であるかもしれない弱者との連帯を冷たく突き放す行為は、複雑で長いこの災害に立ち向かった歴史の困難さを証明しているかのようだ。そして、この似非《えせ》患者扱いの発言は、いまに始まったことではない。

＊

山崎正和《やまざきまさかず》氏は言っている。この国は、近代化のなかで三度の大災害に見舞われている。関東大震災、阪神・淡路大震災、そして東日本大震災だ。そして、そのたびごとに、いわば〝成長している〟という。関東大震災では、外国人排斥ということが起こったが、今次の震災では外国人に対するケアが目立ったという。しかし、ほんとうだろうか。水俣をめぐるさまざまな負の体験が、学習され、前進に結びつけられたといえるのだろうか。今回の水俣では、茂道《もどう》を訪れることはなかった。初めて訪れたとき、茂道は穏やかな入江だった。この狭い空間で意識の齟齬《そご》が生じればつらい事態だろうなということは想像に難《かた》くない。

＊

宇井純は、その著『公害原論』のなかでこう言っている。

「たとえば貝がらというものはほとんどが炭酸カルシウム〔$CaCO_3$〕であります。この炭酸カルシウム・イオンはどこからくるかといいますと、海水のなかから貝が集めて作りだすものです。海水のなかのカルシウム・イオンはたかだか一ｐｐｍ、これぐらいしか溶けておりませんが、貝がらはほぼ純粋、――完全に純粋ではありませんが、――七、八〇パーセントは炭酸カルシウムであります。そうしますと、水のなかのわずかなカルシウムを貝は一生懸命集めまして、それを貝がらとして自分の体のまわりにつけていきます。」

「われわれの骨のうち数パーセントは少なくとも燐酸カルシウム〔$Ca_3(PO_4)_2$〕でできています。魚なども同様です。ところが魚が生きている水中の燐酸イオンの量をはかってみますと、多くの場合〇・〇一ｐｐｍというふうな非常に低い数値になります。この場合にも燐酸は魚の住んでいる環境から、魚の骨に〇・〇一ｐｐｍから数パーセント、――数パーセントということは数万ｐｐｍということですから、やはり百万倍ちかい濃縮が起っています。」

*

細川は、早くも一九五四年には一号とおぼしき患者を診察している。翌年には、性別が違うだけのまったく同じ症状をもつ患者を診ることになる。細川は、卒業後しばらく大学に残ったのち、チッソの禄《ろく》を食《は》むことになる。そしてそれは、定年退職する一九六二年まで、都合二六年間に及ぶことになる。いわゆる「企業人」としての人生を送ったわけである。もちろん、医師であり、病院長というある「特別な」立場ではあったのだけれども。

細川は、いわゆる「猫四〇〇号」の実験によって、猫に水俣病を発症させることに成功したあと、この結果を公表しなかった。それが、のちに新聞に取り上げられたとき、「今だからいう水俣病の真実」という手記を『文藝春秋』誌上に発表する。

この手記で注目すべきことのひとつは、その初期の患者さんたちの悲惨な状況である。細川はこう書いている。「水俣病が大きく取り上げられてから患者の家庭を訪問した人たちには、わたしたちが足でかせいで発見して歩いたときの悲惨さを理解することはむずかしかろう」。おおむね引き揚げ者で、田や畑もなく、掘立小屋のような家に住み、原始的な方法で魚をとり、食べていたのである。それがのちには、見舞品が寄せられ、いくらかでも家財ができた、というような状況に落ち着く。

宇井純の証言によれば、新潟水俣病への協力要請に対し、細川は意外にも二つ返事で応じたという。企業のなかで当該企業にとって不都合な出来事の証拠をあげることは勇気のいることだ。しかし細川には医師としての矜持《きょうじ》があった。

＊

新たな患者が発生しているわけでもないのに、なぜ、水俣病の認定申請が増えてきているのか。公式確認から五〇年もたっているのに、なぜ。これまで、黙っていた人びとがようやく手続きをとりはじめているからだ。

「そのことを理解するには、この地域における水俣病についての差別や偏見の存在を忘れてはならないと思います。発生当初の恐ろしい病、奇病といわれた時期から、今日にいたるまで、水俣病は個人に対しても地域に対しても負のイメージを与え続けて来ました。水俣病が公害病であり、チッソ、国、県という汚染を引き起こし拡大させた責任者ははっきりしていてもなお、水俣病と名乗ることへのためらいは強く残っています。一方で、水俣病問題を終わらせようとする動きも常にあります。

水俣病をめぐる患者救済・補償が未だ終わっていないどころか、水俣病に対する偏見の克服や地域経済社会の再生等の問題、さらには水俣病の経験に学び活かすべき多くの課題が将来に残されています。」

『水俣病ブックレットNo.3　水俣を歩き、ミナマタに学ぶ』（熊本日日新聞社）には、このように記載されている。

２０１２年５月号（２９０号）

栗かの子

N

長野県の小布施《おぶせ》に栗菓子で有名な店がある。栗かの子や栗ようかんが有名である。明治の創業の老舗《しにせ》である。この店で、小形のものを「お一人さま」と名づけて販売していた。「お一人さま栗かの子」「お一人さま栗ようかん」という具合に。これを、在庫がなくなり次第、「栗かの子小形」「栗ようかん小形」に改めるという。その心は……。新聞記事によると、『夫を亡くし寂しい日々を送る寡婦にとって心ない商品名だ』などの声が届くように。（略）贈答先に気を使って買い控える客もいたため、幕引きを決断したという」。

この話を聞いて、ちょっと落ち着かない気分になった。後段だけであったら、売れ行きが落ちてきたため、商品名を変えるというのは、ありうることで、どうということはないだろう。しかし、前段の「夫を亡くし、云々」については、待てよという思いがある。ほんとうに、「夫を亡くし寂しい日々を送る寡婦」の人が、そのように感じたというのだろうか。また、贈答にこれを選ぶ場合、悪意でもなければ、選択はしないだろう。だからこそ、売り上げ低下が理由であれば、納得する。

＊

ある業界団体のテレビコマーシャルでかつてこのようなものがあった。俳優さんが出てきて大学教授を演じる。教授は、屋根は軽量化すべきであることを縷々《るる》説明する。そして決め台詞《ぜりふ》。「頭でっかちはいかんということです」。このコマーシャルが放映されて、ある親御さんから、申し入れがあった。「私は、テレビを通じて、毎日このコマーシャルを見るのが辛《つら》い。うちの子は水頭症なんです」という趣旨のものだった。

結論からいえば、このコマーシャルは打ち切りになったそうだ。ここには、考えるべきいくつかの論点が含まれている。ひとつは、直接、人間の頭について言っているわけではなく、あくまで家に対する屋根という関係の比喩的表現として使っている。もうひとつは、申し入れはたった一件であったという事実だ。

当然のことながら、指摘の多寡は、物事の本質を判断する際には関係ないはずである。それが妥当であれば、たった一件であろうとも考慮すべきである。しかし、ともすると、一人の人がそう感じただけでしょう。ほかの人は何も感じていないんでしょう。だから、気にしなくてもいいんじゃない、となりがちである。しかし、ここは大いに違う。つまり、申し入れをしたり、意見を述べたりするという行動は、パワーを必要とする。同じレベルの感情をもったとして、具体的な行動に移すのは、何人に一人、あるいは何十人に一人、場合によっては、何百人に一人かもしれない、ということである。つまり、表現を変えれば、一人の声の背後には、何百人の声なき声がある可能性がある、ということである。そこを見誤ってはならない。水頭症のお子さんをもった親御さんの苦しみは、そうでないものにとってうかがい知るべくもない、ということを認識するべきだ。

＊

「人を傷つけて、笑っている人がいる。傷つけられて、必死に笑っている人もいる」。愛知県の二〇〇八年の人権週間のポスターに掲げられたフレーズだ。私は、このポスターを見たとき、大げさではなくほんとうに胸が塞がれる思いがした。

ポスターには、若い女性——少女だろうか——が一人正面を向いてたたずんでいる。この残酷な現実は、むしろもっと幼い人びと、たとえば、小学生のいじめといったような状況で端的に現れるような気がする。仲間はずしにあわないために、必死にこらえて笑っている多くの子どもが見えるような気がする。こんなことがあっては、断じてならないのではないか。差別を受けて、現在では差別解消のために努力されている何人かの方から同じように伺ったことがある。それは、差別をした側は、そのことを自覚しておらず、長じて再会したおり、なんの屈託もなく親しげに話しかけてくるという。もちろん、多少の記憶はあるのだろうが、当人にとってはたいしたこととの認識が希薄なのである。だからこそ、親しげに近寄ってくる……。

＊

恥ずかしながら、突然痛風発作を経験した。発作だから、突然に決まっているが、よもや自分がという油断があった。尿酸値が高い状態が続いていたのも事実だが、健診医の「この数値でなんともないのは、排泄《はいせつ》がいいんだな」とのことばを、手前勝手に解釈していたつけだろう。

三日間、ほとんど歩けなかった。途中ちょっと無理したせいで多少増悪《ぞうあく》したということもある。あまりの痛さに病院に行った。右足はほとんど地面に着けない状態だったので、肩を借りて、タクシーで病院に向かった。院内を他人の肩を借りて歩くのは、格好が悪い。しかし、そんなことを言っている場合ではない。足を地に着くと、とにかく痛いのである。やっとの思いで、診察室の受付に着いたと思ったら、検査室行きを指示された。これがまた遠い。長い廊下のかなた先である。同じ階であるのがせめてもの幸いか。

うーん、そこで思い切って車椅子を使ってみることにした。ストッパーの使い方を教わり、乗ってみて驚いた。最初は、ちょっとまごついたが、車輪の操作もじき会得した。と、これが快適なのである。足の痛さも忘れて、すいすい動ける。実に快調なのである。へー、車椅子って便利なんだ、つくづく思った。痛い足を気にしながらのときは、そこに全神経が行ってしまい、ほかのことは考える余裕すらなかった。移動することが嫌でたまらなかった。それが、車椅子を使ったとたん、どこへでも行けそうな気分になった。

実は、車椅子体験は初めてではない。高齢者や障害のある人の不便さを体験してみるということで、何度か乗ってみたことがある。そのとき、感じたことは、不便さ、である。ふだん何気なく歩いたり、走ったりしている自分が感じなかった部分、たとえば道路の段差であったり、路上を行き交う車両に対する怖さであった。だから、バリアフリーは、促進されなければならない、と心底感じたのも事実だ。しかし、いってみれば、それは「上から目線の納得」であった。できる自分ができない立場を経験してみて、できない立場を理解する。なるほど、それも必要で、大事なことだろう。しかし、一時的であるにもせよ、自分ができない状態に置かれて、車椅子に感じたのはその便利さである。そこから生まれる自信のようなものである。大仰にいえば、足の痛みにしか関心のなかった自分が、車椅子に乗ったとたん、病院中どこへでも行ける気持ちになった。正直にいって、これまでの車椅子体験では、まったく感じることのできなかったことだ。恥ずかしながら、まったく見えていなかった。

＊

グラデーション・スケールというものがある。印刷・デザイン用語であるが、「色の濃淡を網のパーセンテージで段階的に表した図。網点スケールともいう」などと説明される。要は、色の濃度を、連続的な階調として〇パーセントから一〇〇パーセントまで表したものである。白黒でいえば、〇パーセントは、白、一〇〇パーセントであれば真っ黒。パーセンテージが上がるほど黒に近づくというものである。

このグラデーション・スケールを喩《たと》えに、「差別的な表現とは、グラデーション・スケールだ」といった人がいる。至言だと思う。表現には、ここからが黒、ここからが白という絶対的な境界線があるわけではない、と思う。もちろん、真っ黒、これは絶対だめ、意図的、意識的に差別を前提に使われてきた表現もある。これはダメだ。たとえば、「特殊部落」などというものがこの類だろう。しかし、これだって、一〇〇パーセントかといえば、必ずしもそうとは言い切れないかもしれない。歴史的文脈のなかで、使われることはあるだろう。水平社宣言を読むとき、「全國に散在する吾が特殊部落民よ団結せよ」と自らを規定し呼びかけている。これを、今様に「被差別部落民」としてしまったら、西光万吉《さいこうまんきち》らに対する冒瀆《ぼうとく》だろう。差別化ということばなどは、これと比べれば、パーセンテージは間違いなく下がるだろう。

ここで重要なことは、これが、三〇パーセントなのか七〇パーセントなのかは、個人によって違う、ということだろう。この感じ方の差を認めるということだろう。これを、一律に「特殊部落民」は、九八パーセント、差別化は三五パーセントという点数化をしてしまったら、まったく意味がない。言い換え集をつくる発想と同じになってしまう。言い換え集の最大の問題点は、ことばに白黒をつけてしまうことによって、思考停止を招来し、問題の本質である「差別すること」に対する意識的、持続的取り組みを放棄してしまうことにある。

だとすれば、ことばは手段、道具にすぎない。それぞれがこの尺度をつくりつづけるとともに、いったんは判定したものも、日々修正を加えるという作業を続けることによって、意識的になるということだろう。さらには、人によって違うこの尺度を、お互い尊重するということだろう。もちろん、その前提として決して独善的にならないこと、日々考えつづけることの重要性だろう。

２０１２年７月号（２９２号）

T　いま一度、公正採用選考を考える

夏がくると

「いやあ、どこもかしこも、お盆だから人が多くて大変でしたよ」

いまから一五、六年前の夏、開口一番笑顔で語ってくれたのは、文化人類学を専攻しているアメリカから来日した大学の研究者だった。部落問題を研究していて、たまたま折からの阪神・淡路大震災後の被災地訪問などをしているうちに、ひょんなことから知り合いになり、二週間ほどわが家にホームステイするということになった。この研究者、ワイン好きで、カウボーイハットが似合う小柄な黒人青年で、部落問題や人権研修についての意見交換をしたり、私の住まいの近隣の観光案内などをした。夏になるとこの彼の、「お盆だから人が多くて」と、人懐っこい笑顔を思い出し苦笑する（ちなみに、日本語ぺらぺらで助かった）。

さて、そのお盆……、毎年夏のこの時期、家族、親戚が集まり、先祖や亡くなった人たちをあらためて偲《しの》び、供養しつつ、互いの近況を交換しながら旧交を温めたりするこの風習は、地域や宗派によってさまざまなしきたりがあるのだろう。迎え火、送り火、キュウリを割り箸にさして馬に見立てて迎え、ナスを牛に見立てて送り出したり、提灯《ちょうちん》を立てたり、船飾り、灯ろう、精霊を流したり……。そしてこれらさまざまな風習は、時代とともにそのありようも少しずつ変わっていかざるをえないのかもしれないと思う。少なくとも、市街地などでは先に述べたような、お盆の風習はあまり見かけなくなり、「お盆休み」が、いつしか「夏休み」に取って代わられ、単に避暑を兼ねたまとまった休暇取得の時期、になってしまいつつある。昔ながらの風習も地域によっては薄れ、やがて消えていくこともあるかもしれない。

わが家流で送られた父

私はといえば、二年前の秋に父を亡くし昨年が「新盆」であったが、母も兄弟も特別のことはしなかった。もともと、四年に及ぶ闘病、通院に明け暮れ、九二歳目前の往生であったことと、生前の父との話し合いで、「葬儀はしない、お寺さんも呼ばない、だから戒名はつけない、位牌《いはい》もない」というかたちの、ないない尽くしで、ただ柩《ひつぎ》のまわりにありったけの花瓶を集めて花を飾り、家族だけが集まり、思い出話を時折交えながら、酒を飲むという「おくり」をした。生前の父の交友関係の一部の方にすれば、そんな私たちを「身勝手だ」と言ってくださる方もいるかもしれないが、家族のわがままを通した。さらにいうと、その年の暮れ、私は「喪中はがき」もあえて出さず、例年どおり年賀状は出したし、頂きもした。そんな私たちだったたから、「新盆」にも通常の墓参りだけで特別なことはしなかった。それらをあとから非常識と言う人もいた。

それはそれとして、このお盆の時期に、いわば日本中が「夏休み」「大移動」「交通大渋滞」「花火と盆踊り」でにぎわい、一方で静かに故人を偲び、想いをはせるということ自体は決して嫌いじゃない、むしろ大事にしたい。だから、昔からのしきたりとして「お盆」にまつわるさまざまな風習を忠実に受け継ぎ、こなしていく人びとの気持ちは尊重しなければならないと思っている。

父は、会社員だった。不器用だけれどまじめな人だった。

「お父さんのお仕事はなんですか」

これはいまから三〇年近く前に、私の所属企業が高校生の採用面接に際して行った、差別につながる問題ある質問である。いまさら、本誌読者のみなさまにその問題の所在を説明する必要もないので割愛するが、この統一応募用紙制定趣旨違反の質問を行ったことが、自社のその後の同和問題、人権への取り組みの契機となった。

この面接のことは自社の研修の際には必ずふれることにしていたが、その際、とくに強調することがあった。それはこの質問に対して、「そういう質問には答えたくありません」と答えた、この生徒の態度についてである。後日、この面接の問題性を指摘してくれた学校の先生からの話で明らかになったこと……。それは、この生徒は質問に対して答えを逡巡《しゅんじゅん》したという。訊《き》かれた親の職業をストレートに答えようかと一瞬思った。しかし、この質問をされたらしんどい、答えたくないという気持ちを抱くであろう級友の顔が浮かんだ、だから彼は答えなかった。級友を思うと同時に、「自分は答えられるから答える」という行為は、差別に加担することになるということを判断したのだろう。生徒の思いやりと行動力、それを促した学校の反差別の教育力をすばらしいものと思う。

お兄ちゃんのことを隠そうとして

六月は、東京では就職差別解消月間と位置づけられ、毎年啓発集会が開かれている。そこで、去年たいへん心揺さぶられる話に出会った。

都立高校で長年にわたり生徒の立場に寄り添い、その進路と生活を共に考え、見つめつづけておられる桐畑善次先生が、同僚の先生からの話として紹介された話だ。

ある企業の面接試験を受けた女子生徒からの報告についてであった。その企業では受験者三人をひとつのグループにして、一人の面接者がそれぞれのプライバシーにかかわるようなさまざまな質問を生徒に浴びせた。三人はそれまで一面識もない間柄だったという。いわゆる集団面接の場で、受験者本人の能力と適性とは無関係の個人情報について質《ただ》すという差別選考試験だ。

「あなたは母子家庭なの？」「お父さんはどうしているの？　死別？　離婚？」「お母さんは何の仕事しているの？」「きょうだいは何人いるの？」「きょうだいの構成は？　何番目？」「きょうだい全員、お父さんは一緒なの？」「上のきょうだいはみんな社会に出て働いているんだよね？」

能力や適性とはまったく無関係の、プライバシーを暴くかの質問。すべてが「違反質問」であるが、受験後に聞き取りを担任の先生とともに行った桐畑先生は、「離婚やお父さんについての質問がとくにきつかっただろう」と思ったそうである。しかし、その後の担任との面談で生徒は「親のこともきつかったけれど、でも離婚したからといって別に悪いわけじゃない。それよりも……きょうだいのことがきつかった。みんな働いているのかと聞かれて、はいと答えてしまった。うそをついた……」と涙を流したという。そして「働いていないお兄ちゃんのことを隠そうとして、うそをついた。お兄ちゃんのことを恥ずかしいと思う心が自分のなかにあったのだと気づいた。そのことが悲しい……」と。

桐畑先生は、「そんなふうに自分を深く見つめることができる生徒なんです」とあふれる涙をぬぐおうともせず、生徒の生き様を語った。ここにも反差別の教育力がある。違反質問を繰り返した企業の採用担当者は、この生徒の何を見ようとしたのか、何を見たのだろうか。面接試験……、極度に緊張している場面にあっても、精いっぱいいつもの自分らしさを出したい、この会社で働こうという自分の想いを伝えたい、訊かれたことには丁寧に答えたい……、がんばってねと送り出してくれた家族の気持ちにも応えたい……、そんな受験者の気持ちをあざ笑うかのような、人権無視の差別面接である。

「言わない、書かない、提出しない」に甘えない

採用に際して企業は、憲法に規定された基本的人権である、応募者の職業選択の自由と就職の機会均等を完全に保障するために、人権問題を正しく認識し、応募者本人の能力と適性にのみもとづいて採用するという公正採用選考の取り組みが、求められている。そのことは「統一応募用紙ならびにその制定の趣旨」というかたちで企業側に指導・徹底され、また「（能力、適性にかかわらないことは）言わない、書かない、提出しない」というかたちで、応募者側にも徹底されてきた。そして今日では、職業安定法第五条の四で求職者等の個人情報の取扱いが定められ、あわせて労働大臣（当時）指針で、社会的差別につながる恐れのある、前述の「集団面接」のような採用時質問は、法律的にも認められないことになった。これらは、企業の公正採用人権啓発担当者にとっては周知の事柄である。

いまここで大事にしたいことは、この統一応募用紙制定の趣旨なり法制定の精神は、単に企業の人事採用担当者が知っておればよいということではなく、企業総体の価値観としてあらゆる職場に徹底する必要があるということである。

なぜなら、応募者側の「言わない、書かない、提出しない」という指導は、別の見方をすれば、「必要のないことは、隠す」ということにもつながってしまうものであり、応募者側にいつまでもそのようなことを強いている企業であってはならないと思うからである。つまり、応募者が自己のアイデンティティとして、たとえば出自や親の職業を言っても、そんなことで差別を受けることはないから、言いたいという人は胸を張って堂々と言ってくださいと、言えるだけの人権文化を職場のなかに創らなければならないということである。ここに、企業の職場研修の大きな動機づけがあると思う。

採用面接で企業が応募者の親の職業を質すのはおかしい、誤りだ。あくまでも働きたいという応募者本人の能力と適性のみを真摯に見極め、採否判断すべきだ。一方で、応募者が誇りをもって親の職業、親の生き様を語ることができない採用面接はおかしい。場合によっては、自らの意思で親を語ることを通して自由に自己表現する応募者の、能力と適性を見極める、企業の採用担当者の人権感覚と資質が問われている。

2012年8月号（293号）

研修の成果を日常の業務に活かさなければ

T

都市対抗野球

都市対抗野球というものをご存じだろうか。

毎日新聞社と日本野球連盟が主催する社会人野球だ。日本全国の地方ブロック予選を勝ち抜いた、社会人（企業）チームが地元都市を代表するかたちで覇権を争う、アマチュア野球の頂点だ。ここから数多くの名プロ野球選手が輩出されている。毎年夏に十数日間にわたって熱戦が繰り広げられ、会場の東京ドームは自社、地元チームを応援する大応援団でたいへん盛り上がる。毎日新聞のスポーツ欄の扱いでは高校野球の甲子園大会並みで、連日プロ野球以上の大きさの記事が踊る。

トーナメントであり、負ければ後がないということもあってか応援には熱がこもる。両チーム合わせて四万人以上の大観衆となることもある。参加企業では、休日はもちろんだが、勤務がある日でも職場でやりくりして、業務上特段の支障がなければ球場に応援に行きましょう、という呼びかけがなされる。選手はそれぞれ所属企業の社員として、日常勤務を行いながら野球部に籍をおき、日々の練習や試合に臨んでいる。社員が家族を連れて応援にくる姿も多い。「あの三塁手は、ふだんは職場で父さんの隣の席にいる人だ」などと、ちょっと得意げに子どもに話して聞かせるオヤジもいたりして、スタンドとグラウンドの一体感もかもし出される。

マスコットガール

この都市対抗野球でひとつだけ気になることがある。それはチームマスコットについてである。数年前までは「マスコットガール」と呼んで、女性社員のなかから選んだ一人をチームの「マスコット」に仕立て上げ、ユニフォームの上着にショートパンツ姿でベンチの一員に加え、「大会に華を添える」「男ばかりの野球試合の場に女性を加えて、より愉《たの》しく、華やかな雰囲気を出す」ということが行われていた。

主催者が「マスコットガール」選定を出場チームに求めていたのか否かは定かではないが、球場前コンコース（広場）に「出場チームマスコットガール一覧」という顔写真掲示板が掲げられていた時代がある。いまはさすがに、このネーミングと発想そのものが改められた。

「マスコットガール」という発想の根底には、「女性社員は職場の華」「かわいくあれ」という男性側の視点があった。何世代か前の「女性社員観」の反映だったのだろう。すなわち「お茶酌み（……ほとんど死語であるが）は女性の役割、女性の仕事は男性の補助……」「彼女はわが職場の紅一点……」などなど。

それは今日的にいえば、女性社員についての男女雇用機会均等法の精神に反する、役割分担（しかも「補助職」として）の固定化であり、「共に働く仕事上のパートナーという認識の欠如」であり、女性蔑視である。さらにそれは、セクシュアル・ハラスメントにもなる。残念ながら、なかには「マスコットガールに選ばれてうれしい、がんばります」などという本人コメントを発する人もいるので、すべての場合がセクシュアル・ハラスメントとは言い切れないが、でも、「本人がよければ、それでよし」ということではないのではないか。一方では、選ばれた「マスコット」女性のなかには「職場の上司から強く勧められて断れなかった」という声もあるやに聞く。

現在は、「ガール」ではなく、単に「チームマスコット」となった。だからチームによっては、女性社員のなかから選ぶということをやめて、自社のキャラクターのぬいぐるみをマスコットとしたチームもあった。いち早くこうした対応をした企業は、それなりの見識を示したのだと思う。そしてさらに、ベンチ入りするマスコットを選定するしないは任意となった。だからマスコットを置かなくなったチームも多い。遅ればせながら、筆者の所属する企業もマスコットを廃した。

都市対抗野球の魅力は、プロに準じた水準高いプレーを、地元、職場の身近な仲間がひたむきに展開するところにある。「チームマスコット」の存在とは無縁だろう。

人権を職場のなかへということ

ところで、「チームマスコット」を女性社員のなかから選ぶということを行っている企業は、日常の職場でも女性社員を軽んじ、人権への取り組みも行っていないのか、というと、そんなことはなく、熱心な担当者が積極的に人権研修を展開しているという企業が少なくない。

それを「研修が一部の人の理解にとどまっている、形骸化している」と切り捨てたのでは問題は解決しない。ここが、人権研修のむずかしさなのかもしれない。年間スケジュールを立て、繰り返し同和問題をはじめさまざまな人権問題にかかわる研修啓発を進め、あわせて社員の人権を守り、安全・安心して働ける職場づくりに励む……、そうした企業なのにその一方で「チームマスコット」を女性社員のなかから選ぶことに疑問視する声が上がらない……。企業組織が大きくさまざまな部署が存在し、人権啓発部署の声が届かない、届きにくいところでは、時にこのようなことが起こりうる。

一言でいってしまえば、研修の中身、成果が研修会場の会議室のなかでとどまってはいないだろうか、ということである。

私の失敗例

この事例以上に、もっと端的に人権研修が活《い》かされていなかった例をご紹介する。私が行った人権研修が、受講者の日常の業務に反映されなかった例として、反省を込めて記すこととする。いまから一〇年近く前のこととしてお読みいただきたい。

同和問題が人権への取り組みの契機になった私の所属企業の研修では、常に原点として同和問題を取り上げ、出自による差別の不当さを訴える。あわせて「本籍」情報が部落差別につながることを語り、その取り扱いには繊細な注意管理を要することを説明し、例として「戸籍謄本」「運転免許証（当時は券面に本籍が表示されていた）」についても語っていた。

ところが、社会保険にかかわる事務をつかさどる職場が、社会保険の第三号被保険者の確認のために、社員に提出を求める公的書類の例示のひとつとして、無制限に戸籍謄本をあげてしまったことがある。同じようにやはり社会保険がらみで、住所確認できる公的書類のコピー提出の例のひとつとして運転免許証をあげてしまった。これらはいずれも、当該書類を例示するのであれば、理由を付して、そこに記載されている本籍欄は抹消してから提出することを求めるべきであった。いずれも一般社員からの指摘があるまで誤りに気づかなかった。

なぜ、このことを誤りとするのか

ひとつには、本籍が部落差別につながる個人情報であり、また会社にとっては不要な情報であるにもかかわらず、入手してしまっていたからである。いまひとつは、こちらのほうこそ大切だと思うが、現実の社会にさまざまな差別事象として表れている、同和地区に対する根強い忌避意識があるなかで、会社から本籍情報を含む公的書類の提出を求められて、たいへん辛《つら》い、しんどい思い、不安を抱く社員がいるのに、それを強いたということである。そうした社員の存在とその心情への想像力の欠如である。

受講者は人権研修受講で「本籍が、部落差別につながるセンシティブな個人情報」という知識は得たが、自分の業務ではその「本籍そのもの」は取り扱っておらず、だから本籍が包含（記載）された戸籍謄本、運転免許証を扱うことがありながら、何の問題意識ももてなかった。人権研修で聴いた知識、視点で、自分の職場の業務を点検するという、単純なことができていなかったということだ。いや、受講者を責めているのではない。研修をしている私のほうが受講者に対して、センシティブな個人情報としての本籍が記載されている公的書類の取り扱いについて、丁寧に注意喚起しながら、きめ細かく対応をすべきことに具体的に十分言及できていなかったということである。

研修のなかでは、「部落地名総鑑」購入事件と、かつての採用応募の履歴書に本籍欄があったこと、それが部落差別に利用されたことから統一応募用紙が考案制定されたこと、その精神が公正採用選考、職安法改正、求職者の個人情報の取り扱いに反映されたこと、そして今日では電子版の「部落地名総鑑」があること、特定地域を名指しで「部落表記」し差別扇動するインターネット上の書き込みがあること、戸籍謄本を不正取得、転売する司法書士や行政書士の事件が多発していることなどから「部落地名総鑑事件は決して過去のものではない、現在進行形である」こと、「本籍はセンシティブな個人情報であるから、取り扱いには十分留意をすること」……。ここまでを説明しながら、「みなさんのなかで職務上、戸籍謄本を扱う部署は、そこに記載された本籍がこのように部落差別につながるから、またそのことでたいへん辛い、不安な思いをする社員がいるかもしれないから、本籍部分は抹消して取り扱うこと」とまでは、説明していなかった。「その取り扱いには十分留意を」としか言ってはいなかった。

人権を日常業務のなかに

研修で学び、知った知識、自分のなかの差別意識や人権感覚への気づき、差別の現実の非人間性への憤りと反差別への連帯の思いなどなどが、研修の会議室のなかの自分にとどまっていて、そこを一歩出た自分の職場、会社組織、そして地域のなかの自分にまで深化、進化していない。業務との関連性において考える研修を、と言ってきたことなのに、自分自身が人権研修と日常業務との関連性について橋渡しをできていなかった……。

なぜか……。差別する意図はないつもりだ……、当たり前だ。常に決してなんびとをも差別はすまいという意図、認識があったかが問われるということなのだと思う。志は高くありたいと思う。差別は、それだけ残酷なのだから。

日常の業務との関連性にまで考え及ばない、言及しない「人権研修」とはなんなのだろう。

２０１２年10月号（２９５号）

耿諄さんが死んだ

耿諄（こうじゅん、ケン・ツェン）さんが死んだ。九七歳だったという。昨年の八月末、中国河南省の自宅で老衰のためだという。日本の報道機関で報じられたのは、それからしばらくたってからだった。

いま耿諄さんの名前を知る人は多くはない。事件から五五年後の二〇〇〇年一一月に東京高裁で和解が成立してからは、なおさらだろう。

花岡事件

一九四五年の六月三〇日深夜、秋田県大館《おおだて》市の花岡《はなおか》鉱山で、その苛酷な労働管理と虐待に対して、中国人労働者約一〇〇〇名が蜂起したという花岡事件。そのリーダーが、大隊長・耿諄さんだ。そのいかにも大人然とした風格と人柄から、この人がいたからこそできた蜂起との声は一致している。しかし、事件はある意味、凄惨な結果に終わった。憲兵隊の出動によって翌朝鎮圧される。蜂起後の暴行・虐待は苛烈を極め、一一月までの死者は、四一八人に上るという。その状況については、野添憲治《のぞえけんじ》氏の労作に詳しい。

裁判、経過

一九八九年一二月。事件関係者が、謝罪要求などの三項目を公開書簡のかたちで発表。事件から四四年が経過していた。その後、九〇年には、「鹿島」にも責任がある旨の共同声明を発するものの、九五年三月には、補償交渉は決裂する。その三カ月後、生存者・遺族一一名は総額六〇〇〇万円の損害賠償を求めて、東京地裁に提訴するも棄却される(九七年一二月)。原告は東京高裁に控訴。九九年に和解勧告が出て、翌年の一一月、鹿島が中国紅十字会《こうじゅうじかい》に五億円を寄託し基金を設立することなどで和解が成立。事件から五五年後のことである。企業が中国人の強制連行について応じた初めての和解であった。

「釈迦内柩唄」という作品

「釈迦内柩唄《しゃかないひつぎうた》」という戯曲がある。「釈迦内」「柩唄」。なんとなく仏教的な匂いがする題名ではある。「釈迦」と「柩」が重なれば、それも当然か。しかし、「釈迦内」とは地名である。秋田県大館の近く。この「釈迦内柩唄」という物語は、水上勉《みずかみつとむ》の作品であるが、現在ではほとんど読まれることはない作品だ。しかし、希望舞台による上演は長く続いている。

花岡事件を題材にしたこの作品で、圧倒的な存在感を放っているのは、主人公ふじ子の父親だ。三人の娘と連れ合いと五人でこの釈迦内の村はずれに住む。

この家に突然闖入《ちんにゅう》者が現れる。外は雪である（物語の終末近く、コスモスの花が咲き乱れる情景がある）。一家は闖入者をさりげなく、精いっぱい温かく迎える。寒い冬の夜、父・弥太郎は好きな酒を飲みながら娘の歌に聞き入っている。促されてこの見知らぬ青年も渋々応じる。そこへ憲兵が登場する。「この野郎、こったらどごにかくれやがって、……仙台憲兵隊より平岡が逮捕にきたッ……。おとなしく出ろッ」

「ありがとうございました。ありがとうございました。皆さん……ほんとうにありがとうございました」「お父さん、ありがとうございました」。青年は繰り返し礼を述べる。そして、家族らが見守るなか、憲兵のすきをついて脱兎《だっと》のごとく逃走する。

憲兵が後を追ってしばらくあと。雪原のかなたで二発の銃声が起こる……。そして、青年の遺体が運ばれてくる。憲兵は、即刻の遺体焼却を命ずる。埋葬許可証がないことを理由に、頑として肯《がえ》んじない弥太郎。彼は、脅しにも屈せず最後まで青年を焼くことを拒否する。「吾《わ》、焼がねえッ。（酔っている）焼がねッたら焼がねえッ」「軍命令でも、火葬認可証の《が》ねえ死んだものは焼けねえっす。焼げば、おら法律にふれるあんだ。（酔っぱらって言う）罪になるあんだ。だすけ、焼げねあんだ」

憲兵は言う。「いつまでも強情はってれば軍規則によって、お前さんも反戦分子としてくさいめしを喰《く》わせてやるぞ」「くせえめし……法律守るどっちゅう男《おどご》さ、くせえめしを喰わへるなはおがしいべ」。そして妻に向かって「たね……崔さんのオーバー、オーバーもってこい」。こう言って、妻と二人で、彼の古びたオーバーを柩の上へ静かにかけてやる。「たね……おら焼かねど……じぇったい焼かねど」

みかねた妻は「まんつこの人は朝まっから酔っぱらってしまって……申しわげねえごってす。どうが……みのがしてたんへ。吾《わ》が代りに焼がへてもらうでごぜます」。憲兵「女《おな》ご衆に出来るんですか……」「はい……」。

劇は、娘ふじ子が焼き場の竈《かま》を掃除する場面から始まる。戦前・戦中の火葬場の仕事というものが家族の全員によって担われていたことのさりげない描写だ。

何を私たちは

水上勉は、この父・弥太郎に若狭《わかさ》のさんまい谷で幼い時分をともに過ごした父親の姿をおいているという。東北の火葬場をまわり、火葬場の実情をつぶさに見、秋田ことばを学んでこの作品に取り組んだ背後には、若狭でのこの体験があった。土葬の穴を掘る、「葬具一式」の看板を掲げて、柩、塔婆《とうば》などをつくって売った、そうした日常の眼に映ったものが背後にある。

そうした眼でみれば、ある火葬場で見た「特」「並」などという焼き竈の差も不可解に思える。竈の扉の前の飾り物の違いにすぎない。死んだ人を焼くのに差別を受ける竈、これはなんだろう。このことを「演出ノート」に書いている。大道具としての焼き竈。「この火葬場の焼竈はやがて、後面を見せねばならない。そのために、工夫をこらして、正面では『特』『並』が飾りによって格差がつけられていたにもかかわらず、裏へまわると、三つの竈は同格で、ただの竈であるにすぎないことをわからせる」と注意深く記載している。

水上はこの作品で、一方に強制連行という歴史上の出来事を置き、他方、民族の内部の差別をも語っているのである。

実際の事件は、日本の敗戦も濃厚になった、敗戦二カ月前の六月末だが、物語では、冬の終わり、そしてラストのシーン、ふじ子が目にするコスモスの咲き乱れる光景は、水上の希望が託されていると同時に、あらまほしき日本の未来を暗示している。

水上は語る。

「忘れられていいものか。心ある人々によって、いつも古い暦はよみがえって、今日の私たちに戦争とは何かを問いかけるのだと思う。」

「この事件は日本人というものが、私もふくめて、いざパニックがくれば、どんなことをしでかすかしれないという、恐ろしい人間業としての残忍さを剥すのである。」

そして、「『花岡事件』にかぎられていなかった。あの戦争末期の国内山間支谷に、まだまだ伏せられて表に出ていない」さまざまな出来事があったのではないか、と。

これは一企業の、特異な出来事では決してない。水上の言うように、状況によって「恐ろしい人間業としての残忍さ」を剥《む》きだすのは、私たちだ。そして、ここで水上があえて「日本人というものが、私をふくめて」と限定している。これは、彼の誠実さだろう。一般論でいえば、「恐ろしい人間業としての残忍さ」を示すのは、人間一般だろう。人間の宿業といえるのかもしれない。だが、個別具体的なこの事件でいえば、被害者が厳然として存在する。そこでは一般論に解消すべきではない、だろう。だからこそ、「私を含めた日本人として」考える必要がある。

花岡事件は、報道管制により外部に知られずに事態の推移を見た。しかし、中国人俘虜《ふりょ》を診察した高橋実医師は、一九四六年七月、『社会評論』誌上で、民間人として初めて、この事件の全容を語った。また、四九年には、信正寺蔦谷師は、埋葬のための木箱四〇〇余を要請し、供養塔の建立も行った。こうして事件は次第に明るみに出るようになった。

この事件の真実、あるいは個々の事実そのものは、野添憲治の聞き書きや、さまざまな労作がある。また、地元の大館市では、一九八五年からこの「花岡事件」の発生した六月三〇日に市役所に中国国旗を掲揚し、この事件で犠牲になった中国人の慰霊式などさまざまの行事が行われているという。そして、事件鎮圧後、捕らえられた人びとが集められた、花岡町の共楽館、これは花岡鉱山の娯楽施設として町の中心街に造られていた建物だが、いまは花岡体育館となって、その場であったことを示す碑が残るのみだ。

現在では、中国人労働者が起居をともにした旧中山寮跡が、第二滝ノ沢ダムとなり、中山寮を見下ろす小高い丘のうえには「日中不再戦友好碑」がたっている。そのほか、前記の花岡体育館（旧共楽館跡）、華人死没者追善供養塔（信正寺）などが、この忘れてはならない出来事のモニュメントとして訪れる人を待っている。

もう一度繰り返そう。耿諄さんは亡くなったが、あの出来事があったという事実は決して消え去ることはない。

2013年1月号（298号）

〈参考文献〉

野添憲治『聞き書き花岡事件』御茶の水書房、一九九〇年
水上勉『釈迦内柩唄』新日本出版社、二〇〇七年

人権侵害の憲法改悪は阻止しなければ

T

アベチャン

「おれぐれえになるとな、職場の長として……」が口癖の、家の近所の飲み仲間のオヤジ、といっても年下の彼のニックネームはアベチャン。安倍ではなく、阿部だけど……。アベチャンは、ある電機会社の製品検査部門で働く。工場の後輩仲間が気持ちよく働けるように、いつも心を配っている。まわりの人の話を一生懸命聴くように心がけているという。それを人権という意識はないのだけれど、彼は実践している。実はこのアベチャンの「おれは聴くよ」というメッセージを発する姿勢こそ、職場の人権の基礎だと思っている。

昨年暮れに誕生した政権と、いくつかの政党のなかには、必ずしも人権を尊重しようとはしていないところがあるが、私は積極的な社内の人権研修に努めたい。それが企業の立場から人権尊重社会の確立にむけて取り組むことにつながる。アベチャンのような地道な実践を大事にしたいと思う。

安倍ちゃん

これまでは、「めったなことでは起こらない」と思っていたが、政権党がもくろむ改憲の動きが始まる。

憲法改正の発議要件を定めた九六条をまず改正しようというその先には、当然九条ほかの改正を視野に入れている。基本的人権に対しても、これを制約する条項として「公益及び公の秩序」を掲げている。かつて民主党の人権委員会設置法案に「断固反対」した自民党は「人権概念が曖昧《あいまい》」と言ったが、人権概念は憲法、その他わが国が批准した国際条約のなかでも明示された概念であり、自民党の非難はあたらない。むしろ自民党の今回の「公益及び公の秩序」こそ曖昧このうえなく、権力による恣意的な人権制限を無限に許すことになりかねない。国防軍設置、集団的自衛権の容認など、戦争をできる国にほんとうにしようとしていることに、危機感をもたなければならない。

私事だが、「あのときが日本の選択の岐路だった。そのとき、じいちゃんは何してたの」などという台詞《せりふ》を、昨年誕生した孫に言わせてはならない、と切実に思う。もしかするともう遅いのかもしれないけれど……。

日本国憲法

日本国憲法は、その前文と一一の章、一〇三の条文から成り立つ。全体を世界記憶遺産に登録したい大切な、大切な珠玉の条文だが、なかでも前文の「日本国民は、恒久の平和を念願し、人間相互の関係を支配する崇高な理想を深く自覚するのであって、平和を愛する諸国民の公正と信義に信頼して、われらの安全と生存を保持しようと決意した。われらは、平和を維持し、専制と隷従、圧迫と偏狭を地上から永遠に除去しようと努めている国際社会において、名誉ある地位を占めたいと思う」の部分と、もちろん戦争放棄の第九条、基本的人権の享有の第一一条、法の下の平等と差別されないと謳《うた》った第一四条、それから基本的人権が獲得されたものであり侵すことのできない永久の権利であることを謳った第九七条「この憲法が日本国民に保障する基本的人権は、人類の多年にわたる自由獲得の努力の成果であって、これらの権利は、過去幾多の試練に堪え、現在及び将来の国民に対し、侵すことのできない永久の権利として信託されたものである」、そして、すべての政治家、公務員に対して「この憲法を尊重し擁護する義務を負う」と定めた第九九条は、私がとくに大事にしたいと考える条項である（条文紹介は現代表記に改め記述）。

このようにしてみると、某政党代表の元知事が「押し付けられた憲法は諸悪の根源」などとして、憲法を真っ向から否定する行為は政治家にあるまじき憲法違反行為だと思う。

そしてこんな時代だからこそ、あらためて企業の立場から人権尊重社会確立にむけて取り組むことが重要になってくる。何度も語られ、実践されてきていることだが、企業の人権研修をもう一度考えてみたい。いささかなりとも、研修の組み立ての参考にしていただければ幸いである。

自分には起こらない

「みなさま、当機はただいま長崎空港に到着いたしました」という機内アナウンスが流れる。ふうと、大きな息をひとつ吐き出した。右隣の男性客（私との間にある、細い肘掛けを独占していた）の肩越しに、滑走路脇の芝の「ＮＡＧＡＳＡＫＩ」の文字を確認しながら思う。こういうとき、「無事、着陸いたしました」とは決して言わないんだろうな。そもそも安全な運航が大前提なのだから「無事」なんて言ったら大変なことになる。でも、飛行機が苦手な私にとっては、「無事着陸」なのである。ちょっと大げさにいえば拍手したいくらいなのである。

この出張のすぐあと、どこかの空港の管制官の一人が、勤務中に私用で職務を離れ、本来二人体制の勤務が一人に任され、かつ飛行機との交信の音量が調整されて一定時間交信不能に陥っていた事態が発覚した。人為的なミスではなく（もちろん、ミス自体あってはならないが）、職務上の判断として行った行動であり、航空機の安全性への信頼を大きく損ねる大問題だと思う。冗談じゃない、もう二度と飛行機には乗らない、ごめんだ、といまは思っている。ただ、こうした出来事はめったなことでは起こらない、自分には起こらない、と思っているから、たぶん人びとは「安心」して搭乗するのだろう。

ところで話は違うが、キャビンアテンダントの人は、どうしてみないつも、あんなに見事な笑顔をしているのだろう。客に対してのみならず、同僚同士で「15Aのお客さん、コーヒーお代わりだって」的な会話を交わす際も……。ふだん、乗客がいないときでも同様ならいいけれど、もう少し控えめな笑顔のほうが自然体でいいのに……。もしかすると、航空機がもっている「万、万が一の危険性」を微塵《みじん》も感じさせないために、常に笑顔をつくっているのだろうか……、そんなことも考えてしまう。ちなみに、鉄道乗務員同士ではあんな笑顔を交わしているのを見たことがない……。

存在を無視されるということ

先の長崎出張は、時間の都合上どうしても往路のみ飛行機を利用せざるをえず、やむなく乗った。今回そんなにひどく揺れはしなかったが、それでも飛行中、身体が少し感じていた重力が急になくなったような瞬間や、車輪の格納、出すときの音などには、ちょっと緊張するのである。

そんな機内の通路を挟んだ席で、女性が化粧を始めた。電車の中では見かけることがあったが、そうか、空の上でもするんだ……。鏡を取り出し、目のまわりを一生懸命描いている。あんたの顔はキャンバスかとつっこみを入れたくなる。だんだん腹がたってくる。彼女は別に、音を立てるでもなく、まわりの迷惑になるわけでもない、だけどそのうち腹がたってくるのである。

どうしてだろう……。私が年取ったから……？　やがて気がつく。彼女は周囲の目を気にしていないのである。人前で化粧をすることは恥ずかしいこと、という意識が希薄、いや、ないのだろう。恥ずかしいことだけれど、しなければいけなくて、やむをえずするというならまだわかる。でもこの彼女、実に堂々と、そして延々と二〇分近くもやっている。腹をたてている私も負けじと、露骨に、あきれたという顔をしながらすぐ近くで見ている。化粧、身だしなみというものは、人に会う前に、他人の目を憚《はばか》ってするものだ。だがこの人はまわりの人が眼中にない、私は彼女の前で、その存在が認められていない、彼女に無視されているのである。だから腹がたつのだろう。

冒頭、飛行機の隣席の男性が肘掛けを独占と書いたが、これも私という存在の無視ということと無関係ではない。一見、「ちょっとした気配りが足りない」ということは、往々にして存在の無視なのだと思う。逆にいうと、マズローの五段階欲求説ではないが、他人との関係で存在が認められること、社会という組織、集団に所属していいと認められることは人権の第一歩という見方もできると思う。これは、私にとっては「人権とは何か」を考えるうえで大切な視点である。

そして、職場にいていいんだという存在が認められたら、次に大切なのが職場のコミュニケーションだ。

職場のハラスメント防止にむけて

職場のセクシュアル・ハラスメント、パワー・ハラスメント防止にむけた取り組みが盛んになされている。職場におけるハラスメントは人権侵害だからだ。

そしてセクシュアル・ハラスメント防止については、このための措置を講じることは雇用主の法律上の責務だ。パワー・ハラスメントについては、現在のところ、これを規制する直接の実定法はないものの、労働契約上の義務として雇用主は、安全で快適な作業環境を提供しなければならないから、この考え方のもとで一定の義務を負う。とくに昨年、厚生労働省が職場のいじめ防止の円卓会議を設置し、パワー・ハラスメント防止の指針や、企業の取り組み実践例を明示したことは、雇用主の防止措置義務の存在を明確にしたとみるべきだと思う。

この職場におけるハラスメント防止のためには、職場構成員一人ひとりが共に働く仲間として、その人権が保障される状況をつくりださなければならない。そしてそのための具体的な行動を考えるとき、私は職場の良好なコミュニケーション関係をつくるということが必要だと思う。単にコミュニケーションだけであれば、談合や労災隠しなどの企業不祥事も、当事者間ではコミュニケーションはある。しかもきわめて密接なコミュニケーションだろう。だから、単なるコミュニケーションではなく、良好なコミュニケーション関係を築かねばならない。

何が「良好な」をもたらすか。それは、相手に対する敬意である。尊敬の念だ。職場というチームの構成員に対するパートナーシップと敬意、それが良好なコミュニケーションを可能にする。このような職場で構成員は活《い》き活《い》きと、元気よく働くことができるのではないか、このような職場で仕事に、会社に誇りをもてるのではないか、このような職場で能力を発揮できるのではないか、自尊感情を高めることができるのではないか、ワークライフバランスを考え実践できるのではないか、企業活力を生みだすのではないか、それが独自性、競争力をもたらし、またコンプライアンスにも資するのではないか、強い会社であると同時に「いい会社」に結びつけることができるのではないか。

社内（職場）人権研修の質を高めることを通して、人権尊重社会の確立とそれを謳う日本国憲法の大切さを再確認したい。

２０１３年２月号（２９９号）

九段の桜花

N

桜――。日本人にとって古来なじみの深い植物だ。敷島の……。しかし、より古くは梅であったようだ。菅原道真《すがわらのみちざね》の「東風《こち》吹かば……」を見るまでもなく。これが、桜に代わったのは、その散り際の潔さだという。武士道との関係か。もう一度考えてみよう。美学としての散り際の美しさと現実とを。

思想ではない。感性としてとらえるべきなのであろう。

しょうけい館

東京の真ん中、JR中央線の市ヶ谷《いちがや》駅の改札を出ると大きな通りが西に向かって伸びている。靖国《やすくに》通りだ。この通りを二キロメートルほど行くと左手に靖国神社の塀が見えてくる。正面の石の鳥居はさらに五〇〇メートル先だ。鳥居の手前から道は下りになる。右手に日本武道館を見てこの坂を下りきったあたりに九段下《くだんした》の交差点がある。交差点のすぐ裏に「しょうけい館」という建物がある。

「しょうけい館」。漢字で書けば「承継」だ。子どもたちやより多くの人に親しんでもらうために、厳《いか》めしい漢字を使わずに、あえて仮名で「しょうけい」とした。では、何を「承継」するのだろうか。それは、館名に付記された「戦傷病者史料館」という文字を見ればわかる。そう、戦争で傷つき、病を得た多くの人たちとその家族などの労苦の一端なりとも知り、語り継ぐという趣旨で、証言、歴史的資料、書籍、情報を収集、保存、展示している施設である。

二〇〇六年に開館し、厚生労働省の委託を受け、日本傷痍《しょうい》軍人会が運営にあたってきた。しかし、戦後六七年、日本傷痍軍人会は、高齢化しており、かつて五〇〇〇名いた会員がいまでは三一〇名、平均年齢は九二歳となっている。このため、先の総会で本年一一月をもって解散する旨の決定をしている。国では、新たな委託先を探して館の存続は決めているが、委託先は未定だ。

このしょうけい館の空間はそれほど広いものではない。展示品の数もそれほど多いものではない。すぐそこ靖国神社の遊就館《ゆうしゅうかん》や知覧《ちらん》の特攻平和会館の、訪れるものを圧倒する遺品の数々と比して決して多いものではない。しかし、ここに展示されている展示品には、見るものの想像をはるかに超えるその提供者のその後の人生が詰まっている。私たちにいえることは、それが私たちの想像をはるかに超えるものであるだろうということだけだ。

しょうけい館は、新たに施設を建設したものではなく、民間のビルを借り上げたもので、展示面積は一階三三・八平方メートル、二階三六・〇平方メートル、合わせて六九・八平方メートル。決して大規模なものではない。

常設展示は、二階と一階の一部が当てられている。二階の常設展示室は、八つのゾーンよりなっている。①プロローグ、②戦争とその時代、③戦場での受傷病と治療、④野戦病院ジオラマ、⑤本国への搬送、⑥帰還後の労苦、⑦戦後の労苦、⑧箱根《はこね》療養所、である。

二階の展示室の入り口に立つと、右手の壁面に大きなパネル。「戦争により傷を受け、病にかかり、生涯にわたってご苦労された人々が数多くいます。これらの人々から寄せられた証言をもとに、ある兵士の足跡をたどる形で語り継ぎます」とある。これがコンセプトだ。②の「戦争とその時代」では、徴兵検査を経て、出征するまでが、「徴兵検査受検人員と現役徴集兵の割合」といった図解とともに、入営祝の幟《のぼり》、軍隊手牒《てちょう》などが展示されている。

③の「戦場での受傷病と治療」。ここでは、「戦地での生活」「受傷」「救護・収容」「戦地での医療」の四つのコーナーに分かれて、戦地での劣悪な環境のもとで病を得、あるいは激戦のなかで受傷し、医薬品の不足などの厳しい状況下での救護措置の実相が示される。止血に使用された日章旗や千人針、受傷時に停止した時計、負傷兵に付けられた傷票などだ。また、「戦傷病者の収容体系」や「受傷後の足どり」が図解されている。

そして、展示室中央のジオラマ（④）では、麻酔もないなか、口に棒状のものをくわえ、激痛に耐えながら切断手術を受ける負傷兵と必死に押さえつけながら施術をする野戦病院でのリアルな姿が再現されている。多くの戦傷病者や元軍医、元衛生兵の証言によっているという。

次の「本国への搬送」⑤。長期の治療が必要と診断された者は、病院船で内地に還送される。病院船氷川丸《ひかわまる》の模型が再現されている。⑥⑦では、その後の受傷病者の労苦が、帰還後と戦後に分けて示される。内地還送後、陸海軍病院での治療、リハビリを行うが、軍務復帰が困難とされたものは除隊する。「戦時下の治療・療養の流れ」の図解の裏にある一つひとつの厳しい現実は、まさに想像を絶するものがあるだろう。

⑦一九五二（昭和二七）年、戦傷病者戦没者遺族等援護法が制定され、五三（昭和二八）年に重度障害者を除き停止されていた軍人恩給が復活するまでの戦傷病者らの苦難は、現在の私たちからは、想像もできない。⑧では、一九四〇（昭和一五）年、箱根の傷兵院に併設された傷痍軍人箱根療養所での暮らしの実相が紹介される。

一階には、常設企画展示として、「武良茂《むらしげる》（水木しげる）の人生」展が開かれている。現在では、多くの人が知っていることではあるが、水木しげる氏は、ラバウル戦線で左手を失くした。多くの展示品を通し、妖怪漫画の一人者となるまでのさまざまな出来事、道のりが示される。

展示品のなかに左目のレンズに穴があいた眼鏡がある。レンズは割れてはいない。明らかに銃弾のようなものが貫通したあとだ。ほかの個所は原型のままだ。左目を狙撃されたのだろうか。あるいは、煙草が吸える自家製の義手がある。左手を肩口から失った煙草好きの男性がどうしても、もう一度自分で煙草を吸いたい、その願いがこの義手を開発させたのだろうか。

「生きることは、死ぬことより辛《つら》い」というフレーズが展示のなかにある。そうなのだ。たしかに、そういう状況はあるのだ。家族肉親は生きてさえいてくれれば、という願いをもつ。死んで、遺骨となって戻ってきたわが子の骨を、あるいは位牌《いはい》を抱いて感じる無念は、せめて命さえ永らえていてくれれば、という切なる思いとなるだろう。が、しかし、さまざまな苦難を抱えて生き抜くことの困難さは、容易に想像することはできない。それが、「生きることは、死ぬことより辛い」ということばとなって表れているのだろう。

戦争は最大の人権侵害である、というのは、よく聞くことばだ。まさにそのとおりなのだ、と思う。こんな歌がある。「父よあなたは強かった」という太平洋戦争中の戦意高揚のために公募され、当選した歌だ。その四番。

友よ我が子よ有難う
誉れの傷の物語

何度聞いても目が潤む
彼《あ》の日の戦に散った子も
今日はくだんの櫻花
善くこそ咲いて下さった

「桜」という思想

なぜ、桜か。「武士道《シヴァリー》はその表徴たる桜花と同じく、日本の土地に固有の花である」と自らの著作を書き起こしたのは新渡戸稲造《にとべいなぞう》である。新渡戸はいう。「薔薇《ばら》に対するヨーロッパ人の讃美《さんび》を、我々は分つことをえない。薔薇は桜の単純さを欠いている。さらにまた、薔薇が甘美の下に棘《とげ》を隠せること、その生命に執着すること強靭《きょうじん》にして、時ならず散らんよりもむしろ枝上に朽つるを選び、あたかも死を嫌い恐るるがごとくであること、その華美なる色彩、濃厚なる香気――すべてこれらは桜と著しく異なる特質である」と。つまり「我が桜花はその美の下に刃をも毒をも潜《ひそ》めず、自然の召しのままに何時なりとも生を棄《す》て、その色は華麗ならず、その香りは淡くして人を飽かしめない」と述べている。本居宣長《もとおりのりなが》の

敷島の大和心を人問はば

朝日に匂ふ山桜花

の歌を引く新渡戸ならではといえよう。

たとえば、鎌倉の御霊神社の祭礼で名高い権五郎鎌倉景政《かまくらかげまさ》は、後三年の役で右目を射抜かれた。そして、その矢を抜き取ろうと倒れた景政の顔に草鞋《わらじ》のまま足を乗せた三浦為次《みうらためつぐ》を、味方であるにもかかわらず刀で刺そうとした。面目を大事にしたのである。

この豪胆なエピソードよりも、しょうけい館の左目の貫通銃創のある眼鏡の主のその後の人生のほうが私にとって重いものを感じさせる。「死ぬことよりも辛い生」を生きねばならない状況下にあって桜の美しさ、桜の潔さとは何なのだろうか。「美学」はいいだろう。それに自ら殉ずるのもいいだろう。しかし、それを他人に強いてはならない。まして扇動してはならない。

〈参考文献〉
新渡戸稲造『武士道』岩波文庫、一九三八年
『しょうけい館年報第1号』二〇〇八年

2013年3月号(300号)

「どちらか、わからない」と答える

T

みな親戚

某新聞朝刊の四コマ漫画がいつもつまらないと思っていた。世情描写も社会風刺も、季節感も何もない、あるのは怠惰な家族の晩ご飯のおかずと買い物の話か、家庭内に居場所のない父親、成績のあまり芳しからぬ兄妹のテスト点数と、やる気のない教師の授業の話が、延々と繰り返し続けられてきた。それが二月中旬のある朝、この漫画を初めて見直した。

一コマ目で子どもが「川向こうのおじさんとこの、次郎君はわたしのなににあたるの」と問うた（「川向こう」表記についてはこの際、措《お》いておく）。それを受けた二コマ目、母親と祖母が頼りなげに「なんやったかな、イトコの子どもではないし」と言いながら「家系図」のカットが描かれ、三コマ目が秀逸なのだが、子どもが「イトコの子ども峠」という頂上に登り、その向こう側を俯瞰《ふかん》している絵が描かれ、そこには「親戚大平原」がボーバクというキャプションとともに描かれ、最終コマで母親が「その先は全部親戚」、子どもが「人類はみな親戚？」と問い、祖母が「そうそう」と相槌《あいづち》を打つというものである。

四コマ漫画をことばで稚拙に説明するということで、どれだけおわかりいただけるかわからないが、少し世代をさかのぼれば、人は血縁的に互いにつながっているという話である。もちろん、異なる人種民族が共生する今日社会にあって、血縁を少しさかのぼれば「みな親戚」というのは、必ずしも的を射た話ではないが、それでも血縁を根拠に、「あそこの人らは、うちらとは違う」という言い方で、被差別部落に対する忌避意識、差別感をもっている人に対しては、ひとつの啓発話ではある。

ご先祖は交じり合い

私自身の身の回りを考えても、次のような啓発話も考えられる。

祖父と祖母、じいちゃんとばあちゃん。私が物心ついたころには、父の両親はすでに他界しており、母方のばあちゃんだけが存命だった。私はこの「ばあちゃん」以外の祖父母については、顔はもちろん、名前すら知らない。親に訊《たず》ねたこともなかったように思う。つまり二世代さかのぼると、もはやその先はたどることができず、「ご先祖様」はわからなくなってしまう。私のような場合は極端なのかもしれないが、もう一世代、曾祖父《そうそふ》と曾祖母《そうそぼ》、つまりひいじいちゃん、ひいばあちゃんまでたどると、父方、母方それぞれで四人ずつ、計八人の名前を言える人は少ないのではないか。

だから、ましてその人びとがどこで生まれ、何を愛し、信じ、喜びとし、悲しみとし、何を生業とし、どんなことを考えていた人なのか、私には何にもわからない。ただはっきりしていることは、その八人がいなかったら、私はこの世に存在していないということだ。

計算しやすくするために三〇歳で一世代として、つまり三〇歳で親になるとして、三世代さかのぼれば九〇年前、曽祖父母八人だが、仮に一〇世代さかのぼれば三〇〇年前、西暦一七〇〇年代前半、近世江戸中期になり、その先祖の数は二の一〇乗、一〇二四人である。私一人が存在するために、江戸中期のころ、一〇〇〇人を超える人の存在が必要だったことになる。ということは、日本の今の人口からして、その一人ひとりをたどっていけば、江戸時代には膨大な人が存在しなければならないが、現実には江戸時代の日本の人口推計は三〇〇〇万人くらいらしい。つまりみんなどこか重なっている、交じり合っているということだ。だから「血筋、家柄が違う」などという言説がいかに非合理的で、ナンセンスなものかがわかる……。

とはいえ、である。差別する人はそんな理屈で納得する人ではないのだろう。そもそも、人は理屈なく差別するのである。なんとなく、昔からやっている……という歴史性、みんなやっている……という社会性のなかで、思考停止状態に陥ってしまって、何気なく行った言動が、まわりの人を傷つけてしまう、差別行為に結びついてしまうことが多いのだろう。

だからこそ、「差別の現実」と自分がどうかかわっているのか、かかわっていないのか、あるいはかかわろうとしなかったのかを認識するために、繰り返して人権研修を行う必要性があるのだと思う。

川向こう

さて、「川向こう」である。「川向こうの……」は差別性を帯びた表現だろうか。そもそも「川」とは国語辞典によれば、「降水や湧水が、地表の細長い窪《くぼ》みに沿って流れるもの」であるが、その幅が広がれば、こちらとあちらとを隔てる機能をもつようになる。

「川向こう」から彼岸《ひがん》、此岸《しがん》ということばが浮かんだ。仏教の世界だ。修行を積んで、迷い・煩悩・悩みを打ち破り、向こう岸の悟りの境地に到達する、すなわち彼岸と、それに対するこちら側の「俗世間」である此岸。悟りの境地である「彼岸」も、こちらからみれば「川向こう」にあたるのだが、この場合は「川向こう」は何とかしてたどり着きたいところである。

一方で「対岸の火事」ということばもある。「対岸の火事」は、こちら側には災いなし、関係なしの意から転じて、無関心というときにも用いるが、いずれにしても「川」が隔てた向こう側であり、「行き来」もしない、したくないところである。小説「橋のない川」では、川は被差別部落とそうではない地区を区別するもの、いや、橋の架からない川は、「区別する」のではなく、意識の内部で隔絶する意味があったろう。

元来「川向こう」といったとき、そこには「こちら」とは違う「あちら」、わが方ではなく、彼が方であり、よくは知らないところというニュアンスがある。そして本来、よくは、すなわち詳しくは知らないことは、評価・論評の対象外のことのはずなのに、かつて上智大学教授（当時）グレゴリー・クラークさんが言われたと記憶するが、「日本人はよくは知らないことを自分にとって好ましくないこと、ととらえてしまう傾向がある」。よくは知らない「川向こう」には、怖いところ、近寄りたくないところなどという否定的イメージがつきまといやすいのだろう。

そう考えれば、同和地区に対する忌避意識を反映して「川向こう」という表現がされる場合には、そこには当然差別感が付帯する。差別的表現になると思う。

ただ、被差別部落出身者と、そうでない人びと（後述）との「通婚」や「混住」も増え、架橋が進み、「川」が必ずしも地域を隔絶するものではなくなっていくにつれて、「川向こう」表現も、かつて有していた差別性が相当程度薄まっていくといえるかもしれない。冒頭の四コマ漫画の子どもの発言の「川向こうのおじさんの……」には差別的響きはないと思う。ただ、そうはいっても、かつて「川向こう」と呼ばれ蔑まれた経験をもつ人が、「川向こう」表記に対して差別感を感じるという主観はもちろん否定することはできない。そのうえで私自身がこの「川向こう」という表現、表記を用いるかと問われれば……「ケースバイケースで」と答えざるをえない、それでいいと考えている。

重たく受け止めながら

ところで私は先に、「被差別部落出身者と、そうでない人びと」と簡単に記したが、これは決して簡単なことではないと思う。拙稿で述べたように「人は交じり合っている」のだし、「被差別部落出身者と、そうでない人びと」というとき、その判断は複雑で、また根強く続く差別の現実の前では、きわめてセンシティブな話として重たく受け止めたい。これはだれが何のために、何の必然性があって、何を基準に判断するのかによって変わってくるだけでなく、その際、本人のアイデンティティと社会の看做《みな》し（差別感）ということが重要な要素になると思っている。

そのうえで、あなたはどちらですかと問われれば、「熟慮するけれど、わかりません」と答える。

2013年4月号（301号）

ワイアット・アープがいた

子どものころ、西部劇をよく見に行った。当時、ウエスタンという呼び名はなかったと思う。叔父が映画好きで、遊びに行くと「行くか」と言って映画館に連れていってくれた。必ず洋画だった。『昼下がりの情事』という大きな看板を見て、「あっ、間違っている。事情でしょ」と大声を出して以来、もっぱら西部劇になった。

いつのころからか映画から遠ざかったが、理由のひとつにおもしろい西部劇がなくなったことがあげられる。いや、西部劇自体、あまり上映されなくなったのだ。たまに西部劇があっても、保安官とならず者との対決であった。

さらにあとになると、刑事ものなどが増え、相棒の刑事が黒人（アフリカ系）であったり、裁判長が黒人女性であったりするキャストが目につくようになった。主役ではないが、重要な役割を演じるようになったのである。

西部劇をよく見ていたころ、なぜインディアンは、奇声をあげて、駅馬車や幌《ほろ》馬車を襲ってくるのだろう、と不思議だった。だが、彼らは最後には、必ず騎兵隊によって掃討される。悪は滅びる。勧善懲悪の世界は、子ども心に心地よかった。インディアンは滅ぼされる運命にある。騎兵隊は英雄だった。だからジョン・ウェイン扮《ふん》する騎兵隊の隊長が退役を間近に、カレンダーにしるしを付けて心待ちにするシーンには違和感があった。正義の味方が引退するなんて……。

アメリカ社会の白人と先住民の関係

『アメリカ・インディアン悲史』という本がある。一九七四年の発刊だ。古い本なので、今日のアメリカ先住民に対する認識からみれば、ちょっと違うと感じる部分もある。しかし、当時、この本の衝撃は大きかった。私たちは、コロンブスの偉業を当然のごとく、「コロンブスのアメリカ大陸発見」と習ったし、大航海時代の船乗りたちの雄姿に憧憬の念をもったものだ。そうしたこれまでの認識を一変させてくれたのが本書だ。

モンゴロイド系の民族が、アジアから北米大陸に渡ったのはBC一万五〇〇〇年ごろといわれている。そして、おなじみのコロンブスが、サン・サルバドル島に到着したのが一四九二年。一五〇〇年代に入って、毛皮の取引や黄金郷を求めて多くの人間が、先住民の抵抗を受けつつも新大陸に入ってくる。そうした白人と先住民の関係のなかでやはり大きな転換点となったのは、「インディアン強制移住法」の制定だろう。時の大統領は、アンドリュー・ジャクソン。一八三〇年のことだ。これを受けて史上名高いチェロキー族の"Trail of Tears"、いわゆる「涙の旅路」が一八三八年行われる。アメリカ南東部に住んでいたチェロキー族やセミノール族の人びとが、一〇〇〇キロメートル離れたオクラホマ州オザーク高原に厳冬のなか徒歩で移動させられたというものだ。この移動によって一万二〇〇〇名のうち八〇〇〇名以上が亡くなったとされている。

そして、一八九〇年末のウンデッド・ニーのスー族虐殺。ビッグ・フットに率いられたスー族三〇〇人が死亡したといわれている。そして、これによって白人とインディアンとの戦争は事実上の終結を迎えたとされる。

現在、アメリカ先住民の人口比率は、全人口の〇・九パーセントにすぎない。そして居留地の占める割合は全土のなんと三パーセント。かつてこの大地のすべてを支配していたにもかかわらず、である。

アメリカ社会における白人と先住民の関係は決して他人事ではない。というよりも、日本社会におけるあるいは他の大陸における、先住民族に対して歴史的経緯のなかで行われてきたさまざまな出来事になんと近似的であることか。

このことを、私たちもよく知るジョージ・カスターを例に考えてみたい。たぶん、一九六〇年代後半以前の彼は、基本的に悲劇の英雄である。リトル・ビッグホーンの闘いで、インディアンの連合軍によって全滅させられた第七騎兵隊大隊の悲劇の指揮官。彼は、南北戦争での活躍をはじめ、過去の輝かしい戦績に彩られた英雄であった。それが、インディアンの奸計《かんけい》にまんまとはまり、全滅させられたのである。

しかし、七〇年代以降、カスターは、白人社会からも過去の汚点として見られるようになった。ベトナムのソンミ村虐殺におけるカーリー中尉のように。カーリーは四一年後、謝罪を口にする機会をもった。しかし、カスターは、その輝かしい軍功に新たに付け加えられるべき大一番で、逆にその生涯を閉じることになったのである。そしてかつてはその悲劇的な最期ゆえに賞賛された生涯が、のちにはその栄達にいたる諸蛮行ゆえに「汚点」とみなされる。しかし、ここで忘れてはならないのは、彼らの個人的資質の問題が決してないとはいえないが、彼らをそこに導く情況の責任といったものが小さなものではないこと、このことを断じて忘れてはならない。私たちがいつ何どきカーリーにならないともかぎらないのだから。

先住民に寄せるまなざし

こうしたことを考えるきっかけとなったのは、エドワード・S・カーティスの作品展「アメリカ先住民の肖像」を見たことだ。カーティスの撮る人びとは、みな深い沈潜に沈み込んだようなまなざしをしている。カーティスの技法が彼らの悲しみを余すところなく伝えていると思わせる。なかに一枚、「夢見る乙女」という写真がある。

少女が後ろ向きで渓谷の流れのほとりにたたずんでいる。向こうをむいた彼女は、体の前をシーツのようなもので覆っている。が、カメラのある背後、彼女の後ろ半分は、さらされている。この一枚が、アメリカ先住民族の置かれてきた位置を端的に伝えていると私には思える。彼女は何を夢見ているのだろうか。その夢に浸っている彼女の背面は、彼女の意識の外にあるのだが、白日にさらされている。

カーティスは、一八六八年、ウィスコンシン州に生まれている。彼のアメリカ先住民を撮った最初の一枚といわれているプリンセス・アンジェリン。このシアトルの地名の由来となったスクァミッシュ族の首長Sealthの、当時八〇歳にならんとする娘の肖像こそ、のちの二〇巻に及ぶ"The North American Indian"に通底する彼のまなざしを表している。大自然に八〇年を生きた顔には深く皺《しわ》が刻み込まれて、一文字というよりはへの字に近い口唇のまわりはいっそうの皺が密集し、鼻下にはうっすらと髭《ひげ》らしきものもみえる。スカーフを巻いた頭部は真ん中分けしたぱさぱさした髪がのぞいている。ほんとうにどこにでもいそうで、実はなかなかいないであろう威厳をもった老嬢。

カーティスは、三〇年に及ぶ撮影期間をかけ、「アメリカ先住民」という作品集を残した。そこで駆使される技法はさまざまだ。オロトーン、プラチナプリント、フォトグラヴール。

プラチナプリントは、黒の締まりのすばらしさと、階調、濃度、粒状性の卓越がいわれる。フォトグラヴールはしっとりした感じと温かさがその持ち味だ。前述の「夢見る乙女」はオロトーン技法だ。このオロトーンという金色に輝く技法のなんと効果的なことか。つまりは、あらゆる効果を考えたうえで技法の選択がなされているのである。

そんなところからもくるのであろうか、カーティスに対しては、その先住民に寄せるまなざしとともに、長い時間をかけた「滅びゆくもの」に対して向けた努力の集積への賞賛、と同時に、平たくいえば彼らを利用したという毀誉褒貶《きよほうへん》もなくはない。ルーズベルト大統領の口利きを得て、ＪＰモルガンの莫大《ばくだい》な援助をうるという〝政治性〟が、ともするとそのような評価をされてしまうのである。

＊

私たちは、アメリカの黒人（アフリカ系）について知らない以上に、アメリカ先住民について、知らないのではないか。かつての一方的な史観によってつくられたドラマさえいまはなく、いったい彼らはいま、どこでどうしているのか。特別の注意と関心をもっている者以外、知ることはない。

ここまで、アメリカ先住民ということばを使ってきた。しかし、ネイティブアメリカンとは、イコールアメリカインディアンではない。アメリカ最大のインディアン権利団体「ＡＩＭ」は、ネイティブアメリカンとしてひとくくりにすることを拒否しているし、事実、インディアンと呼ばれる人たち以外にも先住民はいる。これはある時期、エスキモーという語が差別的であるとして、一律イヌイットと言い換えられていたことと事情は同じだ。

私たちは、ことばの問題をともすると些事《さじ》として扱ってしまう。しかし、ことばの問題は、単にことばの問題ではなく、実体の問題でもあるということだ。

出来事の本質は、知ることは実にむずかしく、そして、ヒーローの誕生は繰り返される。

〈参考文献〉
藤永茂『アメリカ・インディアン悲史』朝日新聞社、一九七四年
富田虎男『アメリカ・インディアンの歴史』雄山閣出版、一九九七年
Curtis, Edward S. "*The North American Indian; The Complete Portfolios(klotz)*" Taschen America; Reprint, 1997

２０１３年７月号（３０４号）

今、部落差別は……「人権センターながの」の取り組み

T

この夏、NPO法人「人権センターながの」（事務局長・高橋典男《たかはしのりお》さん）主催の「人権リーダー養成 部落問題講座」の一部を聴講する機会を得た。講座パンフレットには「応えられる人材を一人から育成しませんか、単発ではない一貫した部落問題学習（より深く専門的に）」とあり、部落問題学習に特化して、「これだけは知っておきたい基礎知識を学習し、リーダーを養成する」ために開催されたものだった。キーワードとして「関係性・創る」とあった。関係性・創るとは、受講者が自らと部落問題の関係性を考えるということと、受講者と講師・スタッフ、受講者相互間の関係性、つながりを築く、創るということも意味しているのだと思う。

座学だけではなく、最終日には善光寺《ぜんこうじ》周辺のフィールドワークもある。さらに番外には講座終了後、参加者相互交流という名の焼き肉パーティーまである。地元の小中学校の先生らが世話役を務めてくださり（たぶん、高橋さんの人柄と押しに負け）、新鮮なホルモンや肉、烏賊《いか》の丸焼きが用意され、しかも高橋さん、どこからかビールサーバーまで持ち込んで、ようく冷えた生ビールに焼酎、ワイン……、事務局スタッフの中本さん持ち込みのキュウリの浅漬け（これ

が実にうまかった）……いや、これはメインの話ではなかった、本講座には教職や行政職をリタイアされた一般市民、教員、隣保館職員、企業などの熱心な関係者が、約四十数名受講されていた。なかには、昨年に引き続いての参加という方もおられた。

講座の三日目に「今、部落差別は……（部落差別の現実）」という演目があった。「主催者である人権センターながのが係わっている結婚差別、その現実と向かい合っている当事者、若者、母親などから直接話をしていただきます」という紹介だった。まさに差別の現実が語られたが、なかにはわが耳を疑うようなすさまじい差別があった。差別はする側の人間の不幸でもあるが、とくに結婚差別は、差別する側が多くの場合、結婚しようとする当事者のまわりの親、きょうだい、親戚の人びとであり、「とにかく二人の結婚には反対」という立場で、時として「親子の縁などの家族関係を絶つ」ことを強いるなど、関係をばらばらに崩壊させる悲惨なものである。また被差別の側にとっては生死にもかかわる問題でもある。今回の講座で拝聴したそのごく一部を紹介するが、プライバシーなどに配慮する結果、事例紹介はきわめて概略的なものになることをご了承いただきたい。

二人の予定が……

冒頭、高橋さんからはこんな話があった。

「本日は三人の当事者の声を聴いてもらおうと思っていたが、まだ二人しかきていない。いまきていない人も、あらかじめ依頼をしたときは『いいよ』ということだったが、二日前から実は連絡がとれなくなっていた。今朝やっと連絡がとれたが、『やはり、大勢の人の前で語るのはちょっと……』ということだった。無理しなくてもいいよ、でも顔だけでも出してくれたらうれしいと言っておいた。でもまだ、これていない。これも厳しい差別のなかで闘っている姿だと理解してほしい。」

この高橋さんのお話からだけで、結婚差別という部落差別の根の深さ、当事者が被る心のダメージの深刻さ、そこに懸命に立ち向かう人と支援する人がいること、現在進行形の部落差別があることがわかる。

息子の受けた結婚差別

Kさんのお話。息子さんが結婚差別にあった。当初は相手の女性のご両親も大賛成であったのに、部落出身であることを知ると大反対に。あるときには女性の家に親戚中が集まって反対したという。彼女に対して連日、「話し合い」という名の説得が行われたが、それでも二人は意思を貫き、彼女は家を飛び出るようにして高橋さん（人権センター）らのサポートを得て一緒になることができた。

高橋さんが補足。二人の結婚式は彼女の家族がだれも出席しない、Ｋさんの親戚関係者と友人たちだけの出席による結婚式だった。高橋さんは披露宴の最中、不安だった。ここに集まっている二人の友人の若者たちは、二人が厳しい結婚差別にあったことを知っているのだろうか、そんなことを考えて気を遣ってあいさつをしたりしていたが、なかに何人か「ありがとうございます、高橋さん」と声をかけてくる人びとがいた。日常的には「もう差別はない、そっとしておいて」という人びとだった。でも、身近にこんな具体的な差別がある、そこに「ＮＯ《ノー》」を唱え行動する人びとをサポートする高橋さんに対する仲間の感謝のことばだった。

いまは息子さん夫婦に三人の子どももでき、幸せに暮らしている。ただ、ほんとうに幸せといえるのかとＫさん。彼女のおばあちゃんが病気になり、彼女に会いたがっているという話をきっかけに、彼女は時々実家に帰れるようになったが、Ｋさんの息子さんは彼女の家にはいまだに行けない状態で、ほんとうの解決になっていないとＫさんは思う。何もなかったことには絶対できない、彼女の両親たちが差別をしたということを認めないかぎり、許すことはできないと、Ｋさんはきっぱりと語った。

Ｋさんには、息子さんのほかに娘さんがいる。娘さんのことを思うにつけ、息子さんの差別事件をうやむやにはできない。そんなＫさんが現在の複雑な心境を語ってくれた。親の大反対を押し切って息子のところにきてくれた彼女はかわいい、一生守っていくという思いで受け入れた。でもその彼女が、いまでは時々実家と行き来している。「かわいさ余って憎さ百倍」じゃないけれど、なんか裏切られたような気分で、実家に行く彼女を見送るのだと。早く、素直に「行ってらっしゃい」と気持ちよく送り出してやりたい、でもいまここで先方のご両親を許してしまったら、曖昧《あいまい》なままで差別を許してしまったら、また娘のときに苦しい思いをするかもしれない……と、そんなことを考えているKさんだった。

高橋さんの補足。差別される側はただ差別を受けるのではない、次の世代の子どもたちの人生に想いを馳《は》せ、考えながら、いろんな想いを抱いている、いろんな願いを込めて、生きている、そこに価値がある……と。

本人が受けた結婚差別

Aさん（三〇歳代）のお話。ご自身が差別を受けた。

交際していた男性は一般地区の人だった。結婚を考えるようになって自分の出身を話すと、彼は「あそう、おれは構わないよ」という受け止めだったが、彼の家は大反対。ダメだ、ダメだの一点張り。彼は毎晩のように家族と話し合いを重ねた。二人で説得できればいいねと言いながらも、お腹《なか》には子どもがいて、日に日に大きくなるし、どんどん追い詰められた気持ちになっていったという。外国に行ってしまおうかなどと言ったり、もしあのときどちらかが死のうかと言えば死んでいたかもしれない、でも赤ちゃんのことが……、そんな堂々めぐりのなか、どこか、だれか助けてくれないかとあちらこちら探しまわり、そして「人権センターながの」にたどり着いたのだという。

どうせだめだろうと半分あきらめながらも、思いをつづってメールをすると、すぐに返事がきて、「とにかく会いましょう」と言ってくれたのだという。「それだけで生きていける気がしたんです」とAさん。人権センターで高橋さんとその同僚の方に会った。ギリギリに追い詰められている二人の様子を見た高橋さんからのアドバイス、サポートを得て、二人はやがて結婚することができた。

あるとき、彼は父親から「おまえを部落のもんと結婚させるために大学までやったんじゃない、金を返せ」と言われたという。子どもにどうして親がそんなことを言うのだろうか……、そこまで差別するのかと言うAさん。Aさんの父親がそれを聞いて、「おれが耳をそろえて返してやる」と怒ったという。彼は「親にも会いたいとは思わない、子どもが生まれても孫は抱かせないつもりだ。謝ってきても許さない」と言っていると。

「差別はそれをするあなた方が苦しいでしょ、という呼びかけをしている」と、高橋さん。

リストカットもした

高橋さんは時計を見ながら「やはり彼女はこないですね」と語りはじめる。

Mさん（二五歳）のこと。職場で知り合った彼に部落出身を告げると彼は去っていった。辛《つら》く、会社も辞めることになってしまったという。差別をしたのに差別していないと言う彼とその父親。彼女はリストカットを繰り返す。彼女がこれから生きていくためには、生き抜いていけるためには、彼女のまわりの差別者が差別を認めなければダメなんだよ、とことばを震わせ、声を振り絞る高橋さん。彼女には「差別によって自分が失ったものを取り戻すために、みんなの前に立って、自分の被差別体験、思いを自分のことばで話せないか」と呼びかけている。いまはまだ、みんなの前で自分のことを語れないというMさん。別の人と結婚し母親となったMさんだが、部落差別は現在進行形だ。

結婚差別に苦しむ人びとと向き合う

高橋さんは、差別されている人びとにその活動の全エネルギーを使っている。現実に生死の渕《ふち》にいる人を救い出すことにひたむきに取り組む。差別する側に対峙《たいじ》して向き合い、そこに合わせる力が欲しいと言いつつ、いまは被差別の当事者の思いに寄り添う。

高橋さんは最後のまとめにかえて、「差別は醜いし、受けた差別は大きいが、だからこそ被差別の当事者は大事に生きようとする。子どものことを想い、自分たちの子に苦労はさせまいと考えている。大事な部落がある、兄弟姉妹がいる、自分がいる、その部落を嫌だと言ったら、自分を否定することになる。差別はきつい、だからこそ、その差別に立ち向かい、闘い、そのなかから人間の尊さを知ることが大切だ」と話され、長野出身の女性解放運動家でもある、もろさわようこさんの「部落にいると安心する、痛みを共有できるから」ということばを紹介しながら、部落イコール苦労するところという部落観の誤りについても言及し、講座を終えた。

暑い、長野だった。「人権センターながの」に集う人びとも篤《あつ》かった、すごく篤かった。もし、来年も開設されるなら、ぜひ参加したい講座だった。

２０１３年10月号（３０７号）

大切な部落と出会う　「人権センターながの」の取り組み(2)

T

冬の花火

ちょっと旧聞になるが、本誌読者の多くの方々が徳島でのゼンジンキョウ（全人教＝全国人権教育研究協議会……、ぼくはやはり昔のゼンドウキョウ全同教＝全国同和教育研究協議会の呼び名が好きですが）の研究大会に行かれているころ、長野に冬の夜空に咲く花火を見に行った。

昨年の一〇月号でご紹介した「人権センターながの」の高橋典男事務局長がご紹介くださった。いや、もしよかったら花火を見においでというのは、高橋さんらしいやさしいご配慮で、訪ねていくぼくに気遣いさせないための「軽いお誘い」。もちろん花火も雄大できれいだったし、それを見物しながらの飲み会（今回のメインは、典男さんのお連れ合いの鮟鱇《あんこう》鍋と烏賊《いか》のしゃぶしゃぶ……、典男さん、いつこんなこと思いつくんだろう、それと、夏に当事者として語り部《べ》になってくれたKさん提供のチヂミ風鉄板焼き、子どもたち提供のたこ焼き……）交流もすてきだった。

「人権センターながの」のサポートを得て、結婚差別のなか、ゴールインしたカップルや解放子ども会の子どもたち、その卒業生、そしてその卒業生の彼女や彼氏たち、もちろん「人権センターながの」のスタッフとその活動を支える仲間たち……。このメンバーとメニューで、さらに飲み放題で、愉《たの》しくならないわけがない。四〇名くらいの花火見物の大宴会だったが、実はその前の二時間、「人権センターながの」二回目の「大切な部落を知る会」が行われたのだ。

大切な部落を知る会

会場の「人権センターながの」は長野駅からほど近い、市の中央隣保館にある。ちなみに駅前からのタクシー乗車時に「中央隣保館にお願い」と言うとすぐ通じるのは、さすがは長野というところだろうか。

この日はお二人の被差別部落当事者の女性の語りに耳を傾ける会だった。いまは子ども会の活動を指導するYさんと、その子ども会でYさんの教え子だった、卒業生のKさん。以下に当日のお話をご紹介するが、「テープ起こし」ではなく、聞き取りの殴り書きのメモ整理のために、一部要約、文脈構成は前後した。ただ、その思いは可能なかぎり忠実に再現させていただいた。文責はすべて筆者にある。

●Yさん、五〇歳くらいの女性

部落外から「嫁」にきた。部落問題は他人事だと思っていた。結婚前に会社の知人から「〇

○市で、姓がTといったら部落だよね」と聞いたことがあり、なんとなく彼が部落出身と知った。最初のデートのとき、食事のあと「ちょっと行きたいところがある」というので、ついていったのが青年部の集会だった。その後も青年部の会合に彼が行くときにはついていった。狭山の集会も現地学習も行った。

自分の両親は偏見が強く、部落にかかわらないようにしていたので、彼のことはなかなか言い出せなかった。結婚前に数年間付き合ったが、両親は、私が会ってほしいと言うと、「会う必要はない、おまえの兄や姉のことを考えろ、おまえ一人の問題じゃない」と言われ、取り付く島がなかった。なるべく両親と話もしない、顔も合わせないというふうになった。食卓にわざと解放新聞を置いたりしたが、読んでいたかどうかわからない。ただ、私は自分ひとり悩んでいたのではなかった。おばが力になってくれた。おばは母に「相手の人間性だよ、部落かどうかは関係ないよ」と言ってくれていた。

兄も姉も結婚していたので、母はそちらのことを気にしていた。姉の「嫁ぎ先」は偏見が強いところだったので、母は何度も私に「姉のことも考えろ」と言っていた。私はとにかく「人柄を見てほしい、彼の人間性を見てほしい」という思いだった。結婚したいと姉に言うと、姉は「いいよ、私のことはいいからね、自分のことを考えるんだよ」と言ってくれたが、姉は「嫁ぎ先」の両親から「実家に行ってはいけない」と言われ、五年間くらい実家にこれなかった。兄は結婚式には出てくれた。「兄嫁」も偏見の強い人で、兄にはいろいろ言っていたらしいが、兄は私を思い、みんな自分の胸の内にしまってくれていた。

私は事あるごとに連れ合いを実家に連れていき、百姓仕事を手伝ってもらい、人柄を見てもらえるようにした。近所の人にもわかってもらおうとした。やがて子どもができて、いちばん喜んだのは私の両親だった。父は、結婚前は会わせようとしてもなかなか会ってはくれなかったが、何回か私が連れていくうちに、あるとき、近所の人が父に「この人はだれか」と問うと、「ウチの息子だよ」と答えてくれた、……うれしかった。

青年部の活動に参加していてほんとうによかった。みなが将来の結婚のこと、差別にあったときにはどうやって闘っていくかということを話し合っていたように思う。そのときの経験が支えになって、親から反対されても夫と一緒になれた。

そして子どもができて、それからのほうが深く考えるようになった。集会に子どもを連れていくようになった。全国高校生集会にも連れていった。友だちから無視されたりして、情緒不安定になったこともあるが、仲間がいるということを知ってほしくて連れていった。

娘は「自分もいつか差別を受けるのかなあ」と言っている。子どもたちがつながってほしい、一人じゃないって知ってほしい。いま、子ども会にかかわりながら、この子らに決して辛《つら》い思いをさせたくないと思う。私は子どもらに支えられた。今度は子どもらを支えられる立場になりたい。子どもたち同士がつながれるようにしたい。だから、今日この場で若いKちゃんが「子どもたちとかかわりたい」と言ってくれるのがうれしい、ほんとうにうれしい。

●Kさん、二〇歳くらいの女性

中学二年のころ、部活に勉強にがんばっていた。あるとき、教室内での級友たちのふざけっこの会話のなかで「バカじゃん、おまえ」「ふざけんな、おまえ部落じゃん」というのがあった。

それが耳に入った私は思わず、「え、部落って何、私、部落なんだけど、部落は私です」と言ってしまった。瞬間、教室は凍りつき、みな何も言えずシーンと静まり返った。私は動揺して、何がなにやらわからなくなった。いたたまれずトイレに駆け込み、閉じこもってしまった。あとのことは記憶が飛んでわからない。担任が「大丈夫か、出ておいで」と言ったらしいけれど、よくわからない。その日は泣きながら帰ったらしい。

それが原因で、いままでどおりに私に接してくれる人はいなくなった。私は、クラスや部活でみなのなかに入れなくなった。そして、非行に走ってしまった。先生とけんかしたり、バイクに乗る仲間に入ったり……。

もともと私は、クラスの不登校の子に手紙を書いたり、返事がこなくても書いたり、軽い障害があって人見知りしてクラスに入れない子がいたりすると、ほうっておけなくて声かけたり、何とかクラスに引き戻したりする子だった。みなは何もしないから、冷たいなって思ってた。まわりは「おまえ、正義感あるな」て言っていたが、私はそうすることは当たり前だと思っていた。そんな私が保健室登校になってしまった。

母が重い病気を宣告されたりして、私もリストカットした。でも、死んでもだれも気づいてくれないだろうなと思ったら、それが悔しかった。もちろん、「勇気」もなかったけど。でも、自殺する子の気持ちはわかる。時々、子どもの自殺のニュースを見るにつけ、なんで防げなかったのと思う。気づきの場があれば、気づいて救えたのに、子どもたちにその場を与えてやれなかったことが残念でならない。子どもたちに自分と同じ思いをさせて苦しませたくないから、だから子ども会にかかわろうと思った。

前後するけれど、非行グループの子たちは当時、全校集会の輪のなかに入れないでいる私を、「Kは何も悪くない」と言って、全校集会に連れていってくれた。自分の痛みをわかってくれる子たちだった。それに比べてクラスの子たちは、それまで親しかった子たちまでが色紙に敬語を使って「Kさん、早く良くなって下さい」なんて書いてあって、イラッとした。他人事でうれしくなくて、色紙を破り捨てた。そんな色紙を私に渡していいと思った先生は、何にも子どもの関係性をわかっていないと思った。

子ども会にかかわろうと思う。いま、かつての自分と同じような子どもたちを見ていて、自分と同じ思いはさせたくない、少しでも自分が失ったものを取り戻したい。子どもたちに伝えたい。差別、いじめ、不登校……、クラスに入れない子が何人かいるけれど、それを見て見ぬふりをする子になってほしくない。気づかないまま育って、他人に無関心な大人になってほしくない。そのことを気づかせてあげることが、差別にあった私の責任かなと思う。まわりの辛い思いの子を助ける子になってほしいと思う。

差別にあったことの責任

鳥肌がたった。二〇歳そこそこの女性が中学のときにあったむごい差別……、それを跳ねのけ、そのなかから見つけた自分の生き方を伝えることが、「差別にあった自分の責任」とまで言い切ったKさん。差別にあったKさんに、本来何も、毛の先っぽのほんのちょこっとの「責任」もあろうはずがない。それなのに、彼女は自分の責任とまで表現して、子どもを救いたい、自分と同じ思いを味わわせまい、だから子ども会とかかわると誓った。

彼女の話のあと、ぼくはどうしても発言したくなったが、「差別されたものの責任と表現したあなたにはもちろん、何の責任もない、あなたは何にも悪くない、深くそして謙虚に自分を見つめる、すてきなすばらしい人だと思うよ、あなたの大切なことばを東京に持って帰りますよ」と声をかけるのが精いっぱいだった。

最後に高橋典男さんからは、担任教師のかかわり方についての厳しい問題提起のほか、彼女が奪われたもの、中学校の教室に置いてきたもの……をどうやって整理し、空白を埋めていくのか、探していくのか、そうした自分を確かめる、うばい返す場があるということが、人間としての尊さにつながるということばがあった。「人権センターながの」の大切な役割の一端を見せてもらえたと思った。また、お二人の発言を本誌拙稿でご紹介させていただくことについての事前ご了解については「高橋さんに一任します」とのことだったが、ここにもセンターに集う人びとの、高橋さんをはじめとしたセンターに寄せる信頼の深さが表れていると思った。

この日の二人の女性は、差別にあった自分の思い、辛さをしっかり受け止め、まわりとつながっている自分を認識し、差別を跳ねのけた自分のこれからの生き様を見つめて歩もうとしている。そしてその二人を温かく見守る大勢の仲間がいる。センターがある。

そんな二時間のあとの花火がどんなにきれいだったか、ワインがどんなにおいしかったか、きっと本誌読者のみなさんにはわかっていただけると思う。

2014年2月号（311号）

『しのだづま考』考　説経節を歩く（2）

N

恋しくば尋ね来て見よ
和泉なる信太の森の
うらみ葛の葉

陰陽師・安倍晴明

安倍晴明《あべのせいめい》。よく式神《しきがみ》を使い、あらゆることを未然に知ったという陰陽師《おんみょうじ》。たとえば、土御門《つちみかど》の北、西洞院《にしのとういん》の東にあった晴明の邸《やしき》の前を花山《かざん》天皇が通った。晴明、手をはたはたと、おびただしく打って曰《いわ》く、「帝おりさせたまふと見ゆる天変ありつるが、すでになりにけりと見ゆるかな」と、天変によって花山天皇の退位を察したさまが、『大鏡《おおかがみ》』には見える。もっともこれなぞはいわゆるインテリジェンスの達人と解釈できなくもない。

また『今昔《こんじゃく》物語』には、晴明の陰陽道の実力を試そうと播磨《はりま》の国からやってきた老法師の心底を見破り、お供の童子（実は式神）を一瞬のうちに隠してしまう、という話。あるいは、式神を使って殺生を迫る公達《きんだち》たちに、蝦蟇《がま》を、摘み取った草の葉で圧死させてみせる話などが載っている。

さまざまに語られる晴明伝説。その流れのなかに信田妻《しのだづま》伝説がある。

摂津《せっつ》国阿部野《あべの》に阿部保明《やすあき》という人がいた。その子に眉目秀麗《びもくしゅうれい》なる保名《やすな》。父を仇《かたき》・石川悪右衛門に殺されるが、その機縁となった追われてきた狐《きつね》を救ったという出来事。

説経節「信田妻」

「信田妻」は、五説経のひとつといわれている。中世から近世に行われた語り物説経節《せっきょうぶし》の代表的な演目のひとつだ。山椒大夫《さんしょうだゆう》や小栗判官《おぐりはんがん》の物語と並ぶ代表的演目である。この説経節は、近世も万治・寛文期を全盛に、義太夫節《ぎだゆうぶし》の台頭とともに取って代わられてゆく。

しかしながら、五説経といっても、『刈萱《かるかや》』『俊徳丸《しゅんとくまる》』『小栗判官』『山椒大夫』『梵天国《ぼんてんこく》』を称していたものが、享保期ごろを境に、『刈萱』『山椒大夫』『愛護若《あいごのわか》』『信田妻』『梅若《うめわか》』と変わっていったという。また、『さんせう太夫』については、寛文期の説経与七郎《よしちろう》の説経正本が残っているが、『信田妻』については、説経正本はひとつも伝わっていない。残されているのは延宝期の浄瑠璃《じょうるり》正本のみだという。

しかしながら、この『信田妻』が現在でも、多くの人に受け入れられている大きな要因はそのテーマ性にある。

ここでは、『しのたづまつりぎつね付あべノ清明出生』をもとに梗概を紹介する。

＊

遣唐使とともに渡り在唐五〇年、歌人としても名を残す阿倍仲麻呂《あべのなかまろ》の七代の末に、摂州の安倍の郡司なる安倍保明という弓取りがいた。その子に権太左衛門保名。容顔美麗な二三歳。宿願あって、泉州、信太《しのだ》の明神に月参りをしている。そこに、石川悪右衛門の尉《じょう》つね平《ひら》とその勢子《せこ》に追われた子狐一匹が逃げ込んできた。悪右衛門、その妻女の病を治すためには、「若き女狐の、生き肝」が必要との託宣を得ているため、必死である。保名はといえば、その逃げ込んできたさまを見て、「さてさて、不憫《ふびん》や。畜類なれども、せつなきゆえ、助けてくれよと、言わぬばかり」と慈悲の心を起こす。

渡せ渡さぬの口論のすえ、互いに切り結ぶ仕儀にあいなった。ところが多勢に無勢。保名生け捕りにされてしまう。

そこに、悪右衛門の旦那寺の和尚、らいばん和尚一行が通りかかり、「出家たらん者が、たとえ、鳥類、畜類なりとも、わが身に代えても、命を救うが、出家の作法なり」と助命と、「ここにて衣を着せ、愚僧が弟子につかまつらん」と身柄の引き渡しを要求。もとより、旦那寺の和尚の申し出なれば、かしこまって引き渡すこととあいなった。

この顛末《てんまつ》で、保名は一命を取り留めるわけであるが、実は、この和尚、「われわれこそ、まことの人間にあらず。御身思わぬ、難に合い給うも、みなわれわれがゆえなれば、せめて、難儀を救わんため、姿を変じて、謀り申したり」。そこで、「心なき畜類も、情けの道を忘れず、命の恩を、送りたるありさま、げに人間にまさりたり」となるわけである。

命拾いをした保名が、水を飲もうと谷川にさしかかると、「二八ばかりの」「いとやさしげなるよそおい」の女房が、水を汲《く》もうとして、谷川に落ちかかるのを助け、誘われるままにその住まいたる庵《いおり》に向かう。

一方、父、保明は石川悪右衛門に保名が打たれたとの知らせを受け、石川討伐に向かうが、武運つたなく石川に討たれ、五四歳の生涯を閉じる。しかし、応援に駆けつけた安倍家の執権三谷某に主の仇と追われ、石川が逃げ込んだ先が、保名と女房の暮らす庵。そこで、安倍主従に主の仇と、石川は首をとられることになる。

保名と女はひっそりと庵に暮らして七年。二人の間に子ができて童子丸。

わが子を愛《め》で育てていたある日、まがきの菊に思わず見とれ、実の姿をさらしてしまった。そこをわが子に見られ、「やれ恐ろしや」。もはや、これまでと、元の棲家《すみか》に帰ることを決意する。そして仔細《しさい》を文にし、障子に書いた和歌一首。「恋しくば……」。

保名は、事態を知るも「今一度、伴いたく思うなり」と、わが子ともども信太（田）の森へ。

見つからず、「この子を刺し殺し、わが身もともに、自害して」と思ったとたん、現の姿の狐が現れ、「木陰の池水」に姿をうつすと、童子丸の恋い慕う母の姿に変わる。一度棲家に帰ったからは、立ち戻り一緒に住むことはできない。今生の別れを告げる。形見に与えた、あらゆることを知りうる「竜宮世界の秘符」と鳥獣の鳴く声を聞き知る「玉」。

この玉によって都の烏《からす》のことばを解し、御門のお悩みとその原因を知ることとなる。それを携えて、都に上り、見事、名誉の次第となる。五位の位と清明の名も賜ることに。

そこに現れたのが、天下の博士、芦屋道満《あしやどうまん》。石川悪右衛門の兄である。清明の力を認めず、互いに御前で法力比べをすることに。

これに敗れた道満は意趣を晴らさんと、父保名を闇討ちにする。清明、切り刻まれた遺体を集め、文殊菩薩《もんじゅぼさつ》より授かった「生活続命の法」を行い、蘇生《そせい》に成功する。

それとは知らず、道満は参内《さんだい》してきた清明に向かい、父を失った穢《けが》れの状態での参内を難詰する。保名を手にかけた道満は、首をかけて死の穢れを主張。そこに保名が登場し、道満は約束どおり討たれることになる。

そして、清明は四位の主計頭《かずえのかみ》、天文博士として、栄華に栄え、末代まで、その知恵をあらわす、ことになるのである。

*

折口信夫《おりくちしのぶ》は、説経節を「元来『讃仏乗』の理想から、天竺・震旦（中国）、日本の伝説に、方便の脚色を加えて、経典の衍義《えんぎ》を試みたところからでたものであろうが」としている。信田妻でも、『金烏玉兎《きんうぎょくと》』という、究めれば一度は蘇生がかなうという秘書を授けるのは、大唐の伯道上人、本地は文殊菩薩ということになっている。

中西和久《なかにしかずひさ》のひとり芝居「しのだづま考」、この作品をめぐって差別的な発言がなされたという。賤称語《せんしょうご》を使ってこの作品を「〇〇の女の作品」と述べたというのである。

伝説としての信田妻はさまざまなヴァリエーションをもち、あるいは上演され、あるいは語られ、受け継がれてきた。しかし、この話本来のもつ豊穣《ほうじょう》な内容が、異類婚姻譚《たん》であるとか、復讐《ふくしゅう》譚であるとか、あるいは今回の出来事のような不当な一言のもとに括《くく》られるという愚挙からは免れるべきであろうと思う。異類婚姻譚ですぐにも思い浮かぶのは、鶴女房《つるにょうぼう》である。木下順二《きのしたじゅんじ》の『夕鶴《ゆうづる》』で名高いこの話も、木下による与ひょうの人間造形によって、おつうの悲しみが際立つわけであるが、信田妻における葛《くず》の葉《は》の情けは、わが子たる童子丸に向かっているのである。一度、元の棲家に戻ったからは、二度と夫たる保名とわが子たる童子丸のもとには帰れない。この悲しみは、絶望のうちに飛び去る鶴女房とは異質のものである。

折口信夫は、「合理的な議論を立てれば、人まじはりの出来ぬ漂浪民《ウカレビト》の女だから、畜生と見て狐になって去ったといふのであらう」と言いつつ、「こんなあぢきない知識」と言っている。

そう、このようなあじきない知識は知識ではないし、まして得々として語るべきものでもない。中西の五〇〇回を超えんとする公演の累積を、舞台にほとばしるその汗に感じながら見たとき、あらためてこのことが強く思われたのである。そして自らを省みるとき、その弊に陥らざらんことを自省するのである。煩をいとわず、古浄瑠璃の正本の梗概をあえてたどってみたのも、ひとり芝居を観てのち、読み直してみて、そこに汲《く》むべき多くを見たからにほかならない。

〈参考文献〉

荒木繁・山本吉左右編注『説経節』平凡社、一九七三年
折口信夫「信太妻の話」『折口信夫全集』第二巻、中央公論社、一九九五年
佐藤謙三校注『大鏡』角川書店、一九六九年

2014年3月号（312号）

松浦武四郎という生

一畳の書斎

「丈《じょう》」とは、尺貫法で「尺」の一〇倍。ＭＫＳ単位に直すと三・〇三メートルということになる。「周尺」という古代中国の単位によれば、二・二五メートル。鴨長明《かものちょうめい》の方丈の庵《いおり》は、この一丈四方の広さということなのだろう。畳二枚分。終《つい》の棲家《すみか》としてはもっとも狭いもののひとつだろう。

その半分。たった一畳の書斎を造り、そこに住んで生涯を終えた男がいる。たった一畳といっても、その材は、出雲《いずも》大社や厳島《いつくしま》神社、後醍醐《ごだいご》天皇陵の鳥居であったり、京都嵐山の渡《と》月橋《げつきょう》の橋げたであったりした。

なぜそんなことが可能だったかといえば、彼がこの書斎を建てたのはその七〇年の生涯の最晩年であり、それまでの生涯で出会った多くの知友の厚意があったからである。そして、旅に探検に、調査に明け暮れたその半生を彼がいかに篤実に実践したか、そして最後に求めたものが、夏は蚊帳をいっぱいに吊り、冬は締め切ることで、寝袋に収まるような暖をとることができる至適の一畳の書斎。

もうひとつの物理的な要件は、彼の身長が当時としても小柄な部類に入る一四八センチメートルであったことも関係しているかもしれない。

この男、松浦武四郎《まつうらたけしろう》という。今日でこそ、北海道の名づけ親として、いささかなりとその名が知られるようになってはきたが、それとて彼の業績からみれば、本質をはずした些事《さじ》にすぎない。

江戸の後期、当時、蝦夷《えぞ》と呼ばれていた北海道の地には、その地を踏査した江戸幕府の役人がその名をとどめている。『大日本沿海《えんかい》輿地《よち》全図』を作成した伊能忠敬《いのうただたか》、間宮《まみや》海峡にその名をとどめる間宮林蔵《りんぞう》、そして貧しい農家の出ながら刻苦勉励、普請役に就くことになる最上徳内《もがみとくない》、さらには書物奉行などを務めた近藤重蔵《こんどうじゅうぞう》も名を残している。

しかし、松浦の名が間宮林蔵ほど知られていないのはなぜだろうか。

間宮の生家はいま、茨城県の守谷《もりや》の近くに記念館とともにある。典型的な中農の家の造りである。ここから出て測量術を学び、北海道、樺太《からふと》に渡るのである。噂《うわさ》されるシーボルト事件へのかかわりが、彼の肖像に深い陰影を与えている。シーボルトとの交流で咎《とが》を受けることになる幕府天文方・高橋景保《たかはしかげやす》は、大恩ある高橋至時《よしとき》の子息である。

一方の松浦武四郎は、明治に入り、その知識・識見を認められ、開拓使の設置に伴い「開拓判官」に任ぜられる。

「判官」といえば、その役所において実質上のナンバー3の位置にあるのだろう。のちの黒田清隆《くろだきよたか》長官にみるごとく、長官はほとんど中央にいることが多い。自分の専門分野の能力を認められ、役人として立身した身を、彼は半年で辞してしまう。その背景には、彼が深く知ることになったアイヌ民族への肯《うべな》うことのできない政策の実施があったという。

著作群

松浦武四郎の数多い著作のなかに安政六（一八五九）年に刊行された『蝦夷漫画』がある。アイヌ文化についての図解の小百科事典のようなものである。そこには、アイヌ民族の文化・伝統の逐一が絵入りで詳しく記載され、アイヌ民族に関するすぐれたルポルタージュ作品となっている。

武四郎は、若いころ、北海道をめざす以前に朝鮮半島に渡ることを試みたことがある。対馬《つしま》まで行ったが、朝鮮に渡ることは果たさず、のちに蝦夷をめざすことになるのだが、そこにうかがわれるのは、類まれな好奇心である。そのような彼を創った要因のひとつに、伊勢《いせ》という彼の生まれ育った土地柄が関係しているのではないか、という説がある。お伊勢参りに全国からさまざまな人が訪れる。年間五〇〇万人ともいわれる参詣の人びとはさまざまな文化や風習を持ち込んだはずだ。そして、彼の生家は、参詣の人びとの行き交う街道沿いにある。

北海道に渡った彼は、その圧倒的な自然とそこに調和しながら棲《す》む人びと、アイヌ民族に出会う。彼の六回に及ぶ蝦夷地調査行と、そこからなった数多いルポルタージュ作品は、アイヌ民族の協力なしにはなしえなかったはずだ。道内さまざまな場所を訪れ、土地土地の特徴ある自然や風物を記録し、アイヌ民族によって名づけられた地名をも記していった。

彼が、本州から渡っていった多くの人びとと決定的に違ったのは、アイヌ民族を収奪の対象としてとらえなかったことだ。松前《まつまえ》氏によって発明された悪名高い「場所請負制度」。これによってアイヌ民族は苦しみ、疲弊していった。たとえば、文久三（一八六三）年に刊行された『知床《しれとこ》日誌』には、わずか三十数年の間に一三二六人の人口が七一三人に激減してしまった事実が記載されている。和人によって持ち込まれた感染症の蔓延《まんえん》や苛酷な労働による結果だと考察されている。

松前氏は、海産物を交易する場所（商場《あきないば》といわれた）を限定し、これを知行地《ちぎょうち》として家臣に与えた。やがて家臣は、この経営を商人に請け負わせることになる。そこから収奪の構図が生まれる。労働力としてアイヌ民族は酷使され、自由の抑制が強制されてゆく。そして、アメリカ先住民に対して行われたことで知られるようなさまざまな施策や同化政策が実施されてゆく。

こうしたことの不合理性を彼は指摘した。

彼の代表作のひとつ『近世蝦夷人物誌』は、アイヌの人びとが和人から被った非道の数々を書き記している。彼が直接に採取したものだ。たとえば、釧路《くしろ》の商場では、四〇人ほどの和人が悪行の限りを尽くし、とくに女性に対する所業は年齢を問わずひどいもので、「奪われるのが普通」との記述が見える。また、石狩上川《いしかりかみかわ》では、妻を奪われ、土地を追われ、はては成長したその娘までも奪われてしまった老アイヌの話を聞いて、「この男の気象のけなげさ」に心を動かされたので、記録したとしている。

『近世蝦夷人物誌』は、その記述のなかで実名を記し、アイヌ民族への暴虐の仮借ない描写のためか、明治四五（一九一二）年まで刊行を許されなかった。また、明治の初頭にあって彼の評価が現在からみれば不当に低いのは、そうした出来事の関係当事者がまだ生存していたからだともいわれている。

六五歳の肖像

武四郎六五歳の肖像とされる写真が残っている。腰かけに軽く腰を載せ、左半身の姿勢でこちらを向いている。羽織はつけているが袴《はかま》はない。細面の柔和だが何かもの言いたげな表情は、大店《おおだな》の御隠居を思わせる。ただ、特徴的なのは、座った膝にまで垂れている、玉をつないだ首飾りのようなものを、首から掛けていること。晩年の武四郎は趣味人の趣を強くしてゆく。古物の収集などに意欲を示すのである。この首に掛けている勾玉《まがたま》や奇石をつなぎ合わせたようなものは収集物のひとつなのだろうか。

明治三（一八七〇）年に開拓判官を辞職し、同時に従五位も返上する。そしてこのとき以降、各地を踏査し、活動の中心は出版活動となっていき、アイヌ民族、北海道とのかかわりはなくなっていく。

六八歳以降には大台《おおだい》ヶ原《がはら》の探査に乗り出す。都合三回の踏査を行う。現在、吉野熊野国立公園の一角を占める大台ヶ原は、その後の環境変化によって生態系の変化が心配されているが、武四郎の時代、屋久島《やくしま》と並ぶ多雨地帯であるこのあたり、かつては自然の山野を渉猟した北海道を武四郎に思い起こさせていたのかもしれない。

松浦武四郎に特別な思いをもった人に花崎皋平《はなざきこうへい》がいる。一九七一年、学園紛争のなかで多くの人が大学を去った。学生だけでなく、大学の教員も。花崎もその一人だ。のちに大学に戻った人もいたが、花崎は二度と戻らず、在野のまま、発言を続けた。その著『生きる場の哲学』には、その思いがつづられている。東京生まれの花崎が、北大の助教授の職を去ってもなお留《とど》まりつづけた北海道の地には、アイヌ民族がいた。彼らの置かれた状況をつぶさに見るとき、そこに自分の取り組むべき課題を見いだすとともに、先達としての松浦武四郎の姿が眼前に立ち現れてきたのではないか。

都立染井《そめい》霊園。都立の霊園のなかでは面積のもっとも狭いものであるが、多くの著名人が眠っていることで知られる。樺山資紀《かばやますけのり》、高村光太郎《たかむらこうたろう》、二葉亭四迷《ふたばていしめい》……。そして松浦武四郎もここに眠っている。元来、ここは水戸徳川家の墓所であった。そのゆえか埋葬者には徳川家縁《ゆかり》の人びとも多い。

櫻《さくら》の季節に訪れてみると、由来のソメイヨシノが終わりかけ、葉桜になっていた。そこにひっそりと眠る武四郎は、アイヌ文化振興法以来のアイヌ民族に対するこの国の施策をどんな思いで見ているのだろう。

〈参考文献〉

高倉新一郎他『日本庶民生活史料集成』第四巻、三一書房、一九六九年

花崎皋平『静かな大地』岩波現代文庫、二〇〇八年

松浦武四郎『蝦夷漫画』国書刊行会、一九七二年

２０１４年５月号（３１４号）

N

棗《なつめ》に茶を掃く　宇井眞紀子さんに聞いた

『アイヌときどき日本人』という本がある。写真集だ。これが発刊されたとき、著者である写真家の宇井眞紀子《ういまきこ》さんに、ある放送局が取材を申し込んできた。しかし結局、放送にはいたらなかった。このタイトルやテーマに上層部が不安を感じたためらしい。アイヌの人びとでもなくアイヌ民族でもない、ただアイヌとのみ記す姿勢に、不安を感じた萎縮効果ではないか、とも思う。

批判もいろいろあった。長く付き合ってくれたアイヌのおばあちゃんは、私は日本人になったつもりはないと言っていた。もうお亡くなりになり、最期まで親しくしてくれたのだが、とうとうこのタイトルを許してはくれなかった。総じて、「和人」の人びとからの評判はよかったが、違和感を感じるアイヌの人びとは少なくなかった。

同じタイトルを掲げた写真展が東京都人権プラザで開催されている。八月から一一月までのロングランだ。現行の写真集は一九九二年～二〇〇八年の間のものだが、写真展では「TOKYO1992－2014年」とのサブタイトルを付して、その後の写真も加えた。二二年間撮りつづけたものの集大成だ。

宇井さんは、バレーボール選手だった。高校には、そのために進学したようなものだったし、三年間は練習に明け暮れた。

大学をめざすことになったとき、なぜか美大を選ぶことにした。突然のことに周囲は驚いていた。

専攻したのはデザイン学科だったが、二年のとき、必修科目に写真があった。街に出て写真を撮ってくるというものだ。メディアの新人教育などでもよくやられるものだ。これが性にあった。元来、人見知りをするタイプだと思っていたが、被写体を探し、交渉し、撮らせてもらう。そして作品に仕上げる。その一連の作業が楽しかった。充実を感じられるのだ。その後写真を職業にするようになってからも、対象とのかかわりのなかで、仕上がっていくのが自分の写真だと思っている。

宇井さんが北海道に初めて行ったのは、一九九二年だ。手紙を出した。同文の手紙を二通出したが、当時さまざまに活動していて高名なアイヌの活動家の方からは返事をいただけなかったが、アシリレラさんからは折り返しすぐに返事がきた。いつでもおいでというものだった。

当時幼かったわが子を五日間の約束で拝み倒し、母に預けた。自分がカメラマンであることは告げたが、題材とするかどうかは明言しなかった。アシリレラさんはやさしく、旧知の仲のように温かく自然に扱ってくれた。五日間が過ぎ、北海道をたつとき、いつでもおいでと言ってくれたことばどおり、数週間後にまた、行っていた。その後は一カ月に一度くらいのわりでアシリレラさんのところには通うことになった。

こうして始まったアイヌの人たちとの交流だが、自分が拠点としている関東にも多くのアイヌがいることを知ることになる。いくつかの団体やグループがあり、活動を続けていることを知った。

*

その写真は、八月の暑い盛りに撮られたものだ。画面を上下に二分する下半分には一面の草原。上半分には夏の雲が広がっている。その背景のなかで、画面中央に木を格子状に組んだ柵のような物、そこに何かを結わえ付けている白い半そでシャツ姿の男性。そしてその前に跪座《きざ》し、手に幣様のものをささげ持つもう一人の男性。背景のかなた、地平線近くにタープの下に遊ぶ人の姿が数人小さく映りこんでいる。

これは、カムイノミという神への祈りの儀式を、首都圏に住むアイヌが、北海道から野本久栄さんを迎えて行ったときのものだ。木を組んだヌサ（祭壇）にイナウという木幣を立てる。首都圏に住むアイヌの人びとが、自らのアイデンティティをあらためて確認した日の写真だ。このときに撮られた別のカットがある。丸太を組んで切った炉を囲んで民族衣装を着た十数人のアイヌの人びとが、カムイノミの儀式を行っている。そのすぐ後ろでは、多くの人びとが夏のレジャーを楽しんでいる。左手には、鉄道の高架が大きく見えている。これらの写真は、一九九九年八月八日に多摩川《たまがわ》の河川敷で撮られたものだ。

首都圏に住むアイヌ民族にとって意義深い日を撮った一枚は、宇井さんにとっても大切な一枚だ。今回の写真展のリーフレットにも使用した。

いま、宇井さんは一〇〇人プロジェクトというものに取り組んでいる。アイヌの人たちの百人百態を写真で示そうという企画だ。二二年間撮りつづけてきて思うことは、この国のこの大地の先住民族であるアイヌの人びとのことを多くの人びとがあまりにも知らないということだ。いくらかは知っている人がいても、それは逆にあまりにもステレオタイプな理解であったりする。間歇《かんけつ》的に、そして繰り返し起きる単一民族国家発言であったり、もはやアイヌ民族はいないなどの妄言の背後に、無数の無理解の人びとの存在がある。問題化するのは、公人といわれる立場の人間がこういった発言をするからで、重要なことはその背後に存在するだろう多くの人びとの意識を変えるということだ。

首都圏にも、多くのアイヌが暮らす。首都圏は、北海道に次いでアイヌが多く住む地域だ。だがそのことを知る人は多くはない。

だから、まずアイヌを理解してほしいと思う。しかし、ステレオタイプな理解をしてはほしくない。そのためには、当たり前のことだが、一〇〇人のアイヌがいれば、一〇〇様の考えや生き方があるはずだ。それを写真で示したい。そのために、写真を撮るとき、服装やシチュエーションは本人に決めてもらう。それがその人の表現だと思うからだ。民族衣装にこだわる人もいるが、そうでない人もいる。被写体になってくれた人に次の人を紹介してもらう、という方式にした。そのさい一枚の写真に納まってくれた人びとは、一組と数えることにした。難航することもある。アイヌ民族として自分が写るということで、縁者に迷惑がかかるかもしれないからだ。さまざまに残る差別の現状のなかで、アイヌ民族であるということを公言していない人もいる。そういう人びとにとって、縁者である自分が写真に写ることで、迷惑をかけることになるかもしれない、という虞《おそれ》だ。

*

もう一度タイトルに戻ろう。

宇井さんの話を聞いているうち、私は高橋貞樹《たかはしさだき》の『被差別部落一千年史』をめぐる議論を思い出した。高橋貞樹が書いたのは、まぎれもなく『特殊部落一千年史』である。もっとも一九二四年五月発売ただちに発禁となり、改訂版では『特殊部落史』となっているが、そのことではなく、「特殊部落」の語を使わず、「被差別部落」という語に改めた点についてである。

高橋貞樹のこの本を文庫本として世に出すにあたり尽力し、校注を付し、自ら解説を書いている沖浦和光《おきうらかずてる》さんは書いている。「原題をそのままにすべきか、それともなお差別事象の絶えない今日において、依然として賎称語として隠微に語られている特殊部落の文字を書物のタイトルとしては外すべきか、最後まで苦慮したのであるが、結局このタイトルに改めた」と。さらに続けて、こういった用語自体を禁句にすべきだと言っているのではないし、そんなことで差別がなくなるわけではない。学術研究の分野では、歴史用語として必要な時には用いなければならない。と確認したうえで「ただ文庫本のように広く流布される場合は、今日一般的に用いられている被差別部落という呼称の方が適当であろうと考えたからである」としている。さらには、「歴史の闇に埋もれていた名著が、文庫版として広く読まれることは望外の喜びである」とし、何より「自分の青春の書がこのようにして再び世に出るのを、草葉の陰から一番喜んでいるのは高橋貞樹であろう」と述べている。

ここで重要なことは、「書物のタイトルとして」、ということだ。本書を読めば、高橋貞樹がどのような立場で、どのような想いで、本書を書いているかは読者に明瞭だ。ただ、書物のタイトルは一人歩きする。そのタイトルと著者名を目にした人が、必ずしもすべてその書物を手にとってくれるわけではない。新聞広告で、あるいは書目リストで目にするだけかもしれない。一方で、タイトルは作者の問題意識のすべてを込めた一言であるべきでもある。それを受け止めるのは、受け手側の責任でもあるのだろう。

*

この写真展を見たとき、かつて読んだことのあるバチェラー八重子の

星の如　さやけき瞳　持ちしウタリ
曇りがちなり　今日此頃は

を思い出した。さやけき瞳に曇りが消えるのはいつのことだろうか。それが一日も早いことを願わずにはいられない。そして、そのために自分のできうることを探してささやかな努力をしよう。

2014年11月号（320号）

〈参考文献〉
宇井眞紀子『アイヌときどき日本人』社会評論社、二〇〇一年
高橋貞樹『被差別部落一千年史』岩波書店、一九九二年
バチェラー八重子『若きウタリに』岩波書店、二〇〇三年

研修での不適切な説明

T

人権標語

年の瀬である。この時期になると毎年、時の移ろいの早さに驚かされる。年末に向けて、なんとなく慌ただしく、クリスマスや歳末商戦もあり、にぎやかな季節である。もうすでに忘年会のいくつかをこなしている方もおられるだろう。

この拙稿をお読みいただいているころはちょうど人権週間のさなかで、街には人権標語が貼り出されているころだ。この人権標語募集という取り組みは、行政・自治体やさまざまな組織、企業などが積極的に行っている啓発活動だ。人権標語をつくりだすのには、何の道具も準備もいらない、自らの知識と体験と想像力、そしてそれらを組み合わせて思索する思いがあればよい。

ただ、標語という性格上、通例は俳句同様の七五調のリズムに乗せて、限られた文字数で人権を表現するので、その「できあがり」は他の作品と似通ったものになってしまうことも少なくない。だから発想と表現の独創性が勝負だ。一方で募集する側は、応募作品と過去の作品との類似性をチェックすることにやや手間がかかる。人権標語募集は、本来応募段階で思索をめぐらすことこそが啓発効果の第一義なのだから、過去やほかの人の作品と似通っていても、それはそれで構わないようなものだが、とはいえ、この種の募集活動には、入選作品の選考、顕彰という「おまけ」がつく。そのためには「過去の顕彰作品との類似性チェック」という作業がまったく不要ともいえない。もちろん募集する側は性善説に立ち、応募者がいわゆる盗作をして応募してくるなどということは考えないが、顕彰対象とするかどうかの判断に際しては、ノーチェックというわけにもいかないのだろう。

それでも、だれもが、職場で、地域で、学校で考え応募できるので、時間と場所を選ばない、それでいて、そもそも人権とは何かを自由な発想で考えることを促す、効果的な啓発の手法である。たとえば、個人での応募だけではなく、クラスや職場単位で、みんなで議論しながらひとつの人権標語をつくる、という啓発の仕方もあるかもしれない。

大昔、筆者が所属する組織が行った人権標語募集の「家族の部」で、私の息子（当時小学校低学年）が応募した作品、「お父さん、きょう早い？」は、会社からの帰途、関所のように飲み屋を経由しないと帰ってこない私の日常を端的に描いており、秀逸だと思ったが、なぜか社内選考の時点でボツになった。

「部落地名総鑑」購入事件

さて、今年も余すところあとわずか。来年は、差別図書「部落地名総鑑」購入事件四〇年、「同対審」答申五〇年、そして戦後七〇年の節目の年にあたる。

とくに「部落地名総鑑」購入事件は、企業が組織的な同和問題への取り組みを始める契機になった重大な差別事件だった。この事件に対する確認・糾弾がなければ、企業の組織的取り組みは、間違いなく遅れていただろう。なぜなら、この事件の一〇年前にすでに「同対審」答申が、同和問題の本質の項で「同和地区住民に就職と教育の機会均等を完全に保障し、（中略）……生活の安定と地位の向上をはかることが、同和問題解決の中心的課題である」とし、すなわち企業は公正採用選考に徹し、就労の機会を提供するというかたちで、同和問題解決にむけて直接的に責任の一端を担っていると指摘していたのにもかかわらず、企業はなんら組織的取り組みを行わないなかで、「部落地名総鑑」購入事件は起きたからである。ちなみに私の所属企業は、二つの製鉄会社の合併会社であるが、一社は「部落地名総鑑」購入事件を、もう一社は採用面接時における親の職業問い質《ただ》し事件を起こした。

「出自という、なんら責任のないこと」という言い方

社内での研修に際しては、この自社の採用時の差別行為がその後の運動団体の確認・糾弾を

経て、今日的な取り組みの契機になったという話をしている。

その際、「会社が学んだこと」として、おおむね以下のような説明をしていた。

「出自、生まれ……、すなわち同和地区に生まれるか、地区外に生まれるか、障がいがあって生まれるか、そうでないか、親がいるか、いないか、そのほか家族の関係とか……、これら本来、自己になんら責任のないこと、選べないことで、働く能力を決め付けることはアンフェアであり、差別なのだということです」

この「出自、生まれ」にかかわる説明では、反省しなければならないことがいくつかあった。

まずひとつは、「本人が責任をとりようがないこと、本人の責任の及ばないこと」のあとにさらに付け加えて、「どんなに努力をしても変えようがないことで、働く能力を決め付けることはアンフェアであり、差別なのだということです」と言ってしまったことがあった。これは誤解を生むニュアンスを伴っている表現で、まことに不適切である。

なぜなら「どんなに努力をしても変えようがないこと」という言い方には、「できるものなら変えたい、好ましくはないことだけれど、変えられないこと」というマイナスイメージを前提としている表現だということだ。先に述べた出自のいずれかの一方が好ましくないという前提になってしまうということだ。

いまひとつは、「本人の責任の及ばないこと、選べないこと」の例に「性」をあげる場合があり、その際は「自分で生まれの性を選ぶ人はいない、たまたま生まれたら男性であったり、女性であったり」という言い方をしていた。「性は選べない」というときの性差は「男女のいずれか」という発想だった。いま、二〇人に一人がＬＧＢＴに該当する（当時調査）といわれているとき、人の性を男女という二者択一でしかとらえていなかった私の認識はまったく不適切であった。不明を深く恥じる。

時代祭

今年の部落解放研究全国集会は、一〇月下旬、京都市で開かれた。会場は水平社発祥の地、岡崎《おかざき》公会堂のすぐ前で、平安《へいあん》神宮の近くだった。その最終日は京都時代祭の当日だったので、集会終了後にこの時代絵巻を観覧する機会を得た。

あいにくの小雨降るなか、幕末から時代をさかのぼるようにして、その時々の装束をまとった人びとの行列が大通りを進むのだが、私が見ていた場所はちょうど「観覧席」の後ろ側の歩道だった。観覧席は地元の小学校の社会見学に当てられていたようだ。引率の教員の方が、生徒たちを座らせている。傘を差しての観覧だから、教員は観覧席の後ろの歩道に立つ私たちの見やすさを配慮してくださったのだと思うが、「〇〇さん、傘をたたんで隣の人の傘に二人で入って」と指示をされた。「〇〇さん」と呼ばれた生徒が後ろを振り返った。「〇〇さん」は男の子（たぶん）だった。気をつけて聴いていると教員は生徒をみな、「さんづけ」で呼んでいた。若い男性教員だった。昔は多くの教員が男の子のことは「くん」、女の子は「さん」で呼んでいたのだろう。

この「くん」と「さん」というように呼称（？）を男女別にすることの是非について、いろいろな議論がなされたことがある。私が関心をもったのは、男女雇用機会均等法施行からしばらくして、人権担当になり間もなく、一九八〇年代の終わり、「ジェンダー」について学びはじめたころだろうか。男女別が主流だった学校の出席簿に対して、男女混合の「あいうえお」順の出席簿も出始めたのは、もう少しあとだったろうか。

余談だが、このころ、娘の小学校の体育の授業時の服装は男の子が白いショートパンツで、女の子はいわゆる「ブルマー」だった。「ブルマー」のあまりにも「女の子」然とした姿、形に違和感を覚えたので、保護者懇談会のおりに学校側に質したところ、「服装は、動きやすければよいので、ご自由に」ということだったので、娘と話をして、男の子と同じようにショートパンツにさせたことがあった。後年、娘には「あのときは女の子で私だけ男子と同じ格好で、それが恥ずかしくて、いやだった」と言われたが。

そういえば、また話がそれるが、国会では議長や委員長が発言者を指名するときは、「くん」づけだった。唯一、社会党の土井さんが議長のときは「さん」づけをされていたが。私が卒業した某大学は、掲示物や書面では教授は「くん」で呼称されていた。「法学部 ○○君 休講」などという張り紙が掲出されていた。「先生という呼称を用いられるのは創始者だけ」とされていた。国会と私の母校の「くん」呼称は、性差ではなく「上から目線」での話だが、いま思うと奇異である。

私は男女の呼称については、「くん」と「さん」づけを使い分けても、別によいのではないか、それをも「ジェンダー認識を植え付ける元になる」とするのは、いささか考えすぎだろう、ぐらいに単純に長らく思っていた。私自身は対人関係において、改まった場所、関係の場合は基本的に男女関係なく「さん」づけ、親しい間柄だと先輩男性には「さん」づけ、後輩・若手には「くん」づけ、女性には「さん」づけという使い分けをしていることが多い。

だが、「外見」と「自らの性自認」が一致する人ばかりではない、ということを知ったいまは……。すぐに明日から、外見上の性差にかかわらず、すべての人を常に「さん」で呼ぶことはできそうもないが、少なくともこの「呼称」ひとつで、もしかすると傷ついたり、ストレスを感じている人がいるということは、しっかり認識しておかなければならないと思っている。

２０１４年12月号（３２１号）

トラック野郎だって……。

菅原文太《すがわらぶんた》が亡くなった。といって熱烈な文太ファンだったわけでもない。「仁義なき戦い」の広能昌三やトラック野郎桃次郎を繰り返し見て、肩を揺すりながら映画館を出てきたという経験があるわけでもない。映画俳優として出演したさまざまな作品や俳優としてのキャリアは、没後追悼番組を見て、初めて知ったことのほうが多い。俳優という職業や有機農業に取り組む真摯な態度、反原発の思想と行動は多くの番組で紹介された。ただ、私が残念に思ったのは、彼が続けていた、「外野の直言、在野の直感」という対談シリーズがもう読めなくなるということだった。

これは、ある出版社のＰＲ雑誌に連載されていたものだ。まさに「直感」「直言」がさまざまな分野のさまざまな人びととの語らいのなかに縦横に横溢《おういつ》する。直近の山口二郎《やまぐちじろう》法政大学教授との対談ではこうだ。冒頭、「どうも最近の日本の政治を見ていると、日本をよくするどころか、隘路《あいろ》に入り込んでしまって、自分たちでも何をやっているのかわからなくなっているような体たらく」という指摘から始まる。同じ第二次世界大戦敗戦国でも、戦争の反省のうえにきちっと立ってやっているドイツとの違い。「開き直りと弁解とごまかしで見苦しい限りだ」

多くの常に在野の精神をもって生きている人たちが、集まって語り合う場にしたい、と第一回の鳥越俊太郎《とりごえしゅんたろう》との対談で述べているように、この四年に及ぶ対談は人間「菅原文太」の集大成になっている。

野田正彰との対談

たとえば、野田正彰《のだまさあき》との対談。野田の「実は戦争をちゃんと振り返った国というのはほとんどないと思っているんですよ、私は。例外が第二次世界大戦後のドイツですね」という野田の発言に、「ほとんどないのか。それは知らなかった。戦争がやまないわけだ」と応じたあとで、「日本がはっきりドイツより劣るのは、ドイツは同じ第二次大戦の敗戦国でありながら米軍基地を激減させたこと、また、今度の福島原発の事故を受けて、きっぱりと脱原発に舵《かじ》をきった。そのドイツ国民の決断力だ。この二つの点で日本はドイツにかなわない」と述べている。

野田は、その出発点となった『喪の途上にて』の文庫本の「刊行に寄せて」で二つの補足をしている。ひとつは、提唱し受け入れられてきた「喪の段階」について。「喪の段階」という考え方は、理念型でしかなく、神話の登場人物ではない私たちとしては、それぞれの段階の持続も強さも違う。だから、この考え方に縛られず、悲哀のなかにも「四季の変化を楽しもうとする時が来る。そう信じて悲哀のうちに生きてほしい」。二つ目は、広く普及することになったPTSD（精神的外傷後ストレス障害）という概念だ。これは、元来アメリカ精神医学会がベトナム戦争復員兵の社会不適応に対して保険を下ろさせるためにつくった、限定的な概念であるという。それが、阪神・淡路大震災以降、「心の傷」というそれまでそのようなかたちで使われてこなかったことばとともに、概念を拡大曖昧《あいまい》化しながら使われていくことになる。すなわち、でたらめなことばは、ほんとうに精神的危機にある人への配慮を妨害し、さらなる危機に追いやることになる、と指摘する。

そうした野田が菅原との対談のなかで、従軍慰安婦の問題について、このことばのせいで戦時の性暴力の問題が矮小《わいしょう》化している、という。「生き残っている人を精神鑑定すると、彼女たちは六十年以上前の問題で苦しんでいるわけじゃない。いま苦しいんです」との指摘。そして大学教員として「私ができることは、学生たちに考えてもらうことです」と言う。そして「無知な明るさを求めてはいけない。きちんと知って、自分ができることを考えつづけること」を求めている。この八ページほどの対談のなかに、菅原を相手にして、野田のいまが凝縮されている。

トラック野郎だって……。／N

大石又七との対談

大石又七《おおいしまたしち》との対談ではこうだ。大石は言う。「じつは、アメリカが（水爆）実験をしている期間にビキニ海域で漁をしていた日本の漁船は、のべで一千隻くらいあったんです。私たちが獲《と》ってきたマグロから強い放射能が出たので、その後入ってくる船の魚を調べて、一定基準以上の魚は廃棄することになった。ところが、アメリカが『この放射能は危険じゃない』って、日本政府に圧力をかけたんです、反核運動を鎮めるために。政府は聞かざるを得なかったんでしょう、『漁に出てもいいよ』ってことになった。だから、汚染された魚をみんな食べていたんですよ。似ているでしょ、いまの福島に……」

菅原はこの大石との対談を、西脇安《にしわきやすし》の話題から始めている。二〇一一年三月に九四歳の生を閉じた篤実な学者の生き方から受けたものが大きかったことは、「偉い先生がいたもんだねえ」という慨嘆からもわかる。西脇が、ビキニ環礁での水爆実験により漁船が被曝《ひばく》したという事実を知った翌日には、アメリカの原子力委員会に情報提供を求めている。結局、ついに情報の提供は受けられなかったわけであるが、自ら漁船の帰港地である焼津《やいづ》にいち早く駆けつけ、調査を始めている。この若い学者の行動が、菅原に深い影響を与えていることは想像に難《かた》くない。

菅原がこの対談で引き出しているこの事実も重い。「私、責任感でやっているんじゃないんですよ。悔しくてやっているんです」「人のためとか、そういう気持ちじゃないんです。ただもう悔しくて……。仲間はいいたいこともいえずに死んでいったわけです」「そういうことがどんどん忘れられていく。悔しいじゃないですか。死んだ連中はもっと悔しい。それで私はやっているんです」

そして、菅原は問う。「いまも生きておられる八人とは、会ったり、連絡をとったりすることはあるんですか？」。この未曾有《みぞう》の人災をまともに受けて、そしてさまざまな政治的思惑のなかで翻弄されてきた人びと。その同じ船に乗り合わせたうち一四人はすでにこの世になく、当時生き残った八人との連帯について。大石は答える。「いや、ないんですよ。これも複雑で、考え方がそれぞれ違うので……。被曝者に対する偏見が地元では強くて、なにかいったりすると、家族にまで被害がおよぶ。それで地元にいる人はなるべく口をつぐんで、話さないようにしているんですね」。そして、「結婚問題にいちばん差しさわりが出る。親や親戚が『何も被曝者の娘と一緒になることはないだろう』って……。みんな口では同情してくれますよ。でも、いざ自分の子どもにかかわってくると、いろいろ出てくるんですよ」。

桃太郎の物語

こういった対談の場での差別や人権にかかわる課題に対する、至極真っ当な菅原の対応に対し、ほとんど噴飯ものといわざるをえない議論をする輩《やから》が存在することをあらためて気づかされる出来事が最近あった。ヤンキー先生などといわれ、教育再生会議の委員や文部科学政務官を勤めた政治家の発言である。池澤夏樹《いけざわなつき》という小説家のエッセイが、一九九八（平成一〇）年度から二〇〇二（平成一四）年度まで高校の教科書に掲載されていた事実を批判したものだ。

それは、桃太郎を扱ったもので、この物語は、日本人の心性をよく表している。サルやキジは黍団子《きびだんご》につられた傭兵《ようへい》で、初めから悪と規定された鬼の退治に向かい、鬼の金品を略奪し、もって帰る……。こんな侵略思想を、日本人の心性などというこのエッセイはけしからん、と。

このことをこの政治家の読解力のなさ――元予備校教師ではあるのだが――に帰結させている議論もあったが、それだけではあるまい。むしろ頑迷さであろう。桃太郎の物語自体を、伝統的な忠孝勇武な徳を謳歌《おうか》する昔話とする扱い方とは別に、ただただ欲のために行った卑劣千万な行為という読み方があるのは、池澤のオリジナルではなく、早く、福沢諭吉《ふくざわゆきち》の説くところであるのは、池澤自身の明かすところだ。

桃太郎の物語だって、いろいろな、たとえば相反するような解釈が可能だということ、そしてそれが日本人の心性だなどといわれたときに、はい、そうですかとなるほど、日本の高校生は素朴であると、この政治家は考えているのだろう。

菅原は、おそらくその対極にいる。野田正彰や大石又七だけではなく、四二回の対談を通じて意見交換をしてきたさまざまな人びと。ジャーナリスト、音楽家、医師、地質学者、ノンフィクションライターなど多彩な人びと。厳しい状況にあった佐野眞一《さのしんいち》との対談では、そのことではなく、佐野の年来の関心である満州について尋ねている。

「たくさんの人が満州に夢を描いていたわけですよね。そういう満州国とは、いったい何だったのだろうか」と。佐野はここで、自身著作のある甘粕正彦《あまかすまさひこ》や石原莞爾《いしはらかんじ》について語っている。そして、満州は単なる夢ではなく、ものすごく危険な賭けとして、同じく危険な賭けとしての特定秘密保護法とつながっていると言っている。それに対し、萱原は、満州国についてはもう一度俎上《そじょう》にのせて考えないと日本はわからないね、と応じている。しかし、萱原にとってその機会は永久に失われた。読者としての私もついに読むことができない。

〈参考文献〉

『本の窓』三〇〇号、三〇八号、三一四号、三三三号、三四一号、小学館
野田正彰『喪の途上にて』岩波書店、二〇一四年

2015年1月号（322号）

おわりに　孫に寄せて、平和な社会を

T

ばあさん

三年と数カ月ほど前から、それまで一人暮らしだった「義母」を呼び寄せ、一緒に暮らすようになった（配偶者の母親を「義母」、「義理の母」などということについては、この際措《お》いておく）。「義母」は少しずつ認知症が進行していた。いつの間にか、不要なものを購入したり、同じことを繰り返し話したり、毎日のように衣類をひっくり返し、また探し物をするようになっていた。通帳がない、印鑑がない、時計がない……。自分でしまいこんで所在を不明にする、それを見つけて本人に渡すと、あ、よかったと喜んでふたたび同じことを繰り返す……。「義母」用に簡易的にしつらえてあった仏壇から、危ないのでマッチ、ろうそく、線香立てを遠ざけ、隠した。遠い昔の、自分が子どものころの記憶を膨らませた作り話に、振り回されたこともある。また、一人で出歩き迷子になって、ご近所にお世話になったり、駅前の交番に保護されることが続いた。

手押し車（私たちは「ばあちゃんのベンツ」と呼んだ）の荷物入れのふたの裏側には、わが家の住所と携帯番号を記していたから、交番から連絡を受けて「身柄引き取り」に行くようになった。迷子の場合、交番は一時的な保護はしてくれるけれど、長時間は、たとえば「勤務先から一時間半後に迎えに行く」と言ってもそれまで預かってはくれず、その場合には交番を管轄する警察署に身柄は移され、結局、私たち家族はその遠い警察署のほうに迎えに行かなければならないことも知った。昼間よりも夕方になると一人で外出してしまう。だから夕暮れから夜にかけて携帯電話が鳴るとドキッとした。雨の日はさすがにあまり出歩かず、少しだけ安心できた。

そんな綱渡りのような日々が三年近く続いていたが、昨年になって状況が変わった。夏の初めと暮れ、半年間のうちに二度、転倒による大腿骨《だいたいこつ》骨折と入退院を繰り返したのだ。外出、迷子はなくなったが、従前以上に意識レベルが下がり、自分の娘である私の妻がわからなかったり、それでいてプライドは強く、着替え介助を拒んだり、時に精神バランスを崩して急に怒り出したり、波があるものの、不穏になり攻撃的になることも少なくない。引っかかれるくらいはまだしも、時につばを吐かれるときは、ついこちらの介護の手も荒くなることもある。病院の側も扱いづらかったのだろうが、手術（大腿骨の中に補強の金具を埋め込み、ボルトで固定）後は二度とも、リハビリはおろか抜糸もしないうちに退院させられたのには閉口した。

それまで私は妻との間で、「義母」のことをある種親しみを込めて「ばあちゃん」と呼んでいたが、いつしか「ばあちゃん」と言えなくなっていた。「ばあさま」であったり「ばあさま」と言うようになっていた。そのことに妻が気づかないはずがないけれど、彼女は何も言わない。言えないで、きっとだれよりもつらく悲しい思いをしているのであり、そのことを私は十分わかっているのだけれど、「ばあちゃん」とは呼べない、そんな残酷さが私にある……。どこが人権担当者なのだろう。

この違いは何だろう

一方で、娘夫婦がわが家の近くに引っ越してきた。私にとっては孫にあたる二歳数カ月の女の子がいる。よく「孫は責任がないからかわいい」と言う人がいるけれど、私にいわせれば、責任があろうがなかろうがかわいいし、そもそも孫だから責任がないとも思わない。

娘夫婦は共に働いているから、孫は保育園通い。時に孫の急な発熱に対して私たち夫婦のいずれか一方が、仕事上のやりくりをして（それは職場の人びとの理解、協力なしにはできないことであるが）、孫を預かることがあった。期せずして、わが家にひいばあさん、私たち夫婦、娘夫婦と孫という四世代が集う機会が多くなり、介護と育児補助が同時進行した。

そんななかから考えたひとつのショート研修材料「この違いは何だろう」をご紹介する。

孫が生まれた。新生児用の紙オムツを買った。店のレジの人が「テープでよろしいですか」と訊《き》いた。

⇔

母の介護をしている。大人用の紙オムツを買った。店のレジの人が、色の濃い、大きめのレジ袋に入れてくれた。この違いは何だろう。

乳幼児の紙オムツのときは、トイレットペーパーやティッシュの箱を購入するときと同様にテープなのに、大人用紙オムツは目立たないように袋に入れる。大人用紙オムツを買うことは恥ずかしいこと？　買うことではなく、それを利用する人にとっては、恥ずかしいこと？　排《はい》泄《せつ》という行為、その介助と個人の尊厳について、高齢社会と介護、そこにある人権についてどう考えるかなどなど。いくつかの視点から、たとえば話し合い研修に利用したい。

考えてみると、ほぼ寝たきりで、ことばによる意思疎通が必ずしも十分ではなく、夜中に急に大きな声を出したり、意味のわからないことを言いつづけたり、排泄も着替えもまわりに頼りきり……ということで、介護も育児も世話をする中身は同じようなことだ。それはわかるけれど……。孫のウンチの世話はなんら抵抗ないけれど、むしろ嬉々《きき》としてすらできるのに、老人のそれはたとえ親のものでも、強い抵抗感があるのはなんでだろう。

ワークライフバランスが提唱されて久しいが、仕事と、趣味や地域活動など自分の生活とのバランスをいうとき、そこに高齢社会のなかにおける老親介護を、どのように仕事やそれ以外の生活とバランスさせるかという大きな問題が確実にある。だれにもある。そしてそれは、時として個人の力だけでは背負いきれないこともあると思う。

孫の時代

昨年は、思うところあって意識的にダイエットを試みた。

「思うところあって」ではなく、孫の成長を見届けたいと思った。私の父は、孫である私の娘の婚姻まで見届けて、九二歳目前まで生きた。ならば私も父にならおう、孫が今の娘の年ごろになるまで、つまりはあと三〇年近く生きようと思った。そのためにはまずは健康で、と思って始めたダイエットだ。

結果、一年で十数キロの減量に成功。リバウンドもない、いまのところ……。方法は食事制限と簡単な腹筋運動。食事は、朝食は普通にとるが、昼、夜は炭水化物（米、パン、うどん類など）をとらない、野菜を意識的にとり、肉類も適量に。アルコールは従来どおりに。このアルコールは従来どおり、というところが私にとってこの食事制限が長続きする秘訣《ひけつ》だ。

先に「孫には責任がない」という言説に対する違和感を述べた。たしかに日々の健康管理だとか、教育方針だとか、それは親が真剣に考え対処することだけれど、子どもを含めて孫やその先の世代にどんな社会を託すのかについて、私の世代に責任がないなどとどうしていえようか。

何が何でも戦争はNO

将来、どんな政権だろうが、政治情勢下であろうが、ただただ、戦争を引き起こす、戦争に加担する、巻き込まれる、そんな社会にだけはしてはならない、それは危うい今を生きる私たちの責任だと思っている。戦後七〇年にわたり、日本が何とかどこの国とも戦火を交えずにこれた節目の今、戦争こそは人権侵害の最たるものということばを、深く、重く受け止めたいと思う。

安倍政権は昨年夏、それまでの憲法解釈を一八〇度転換させ、集団的自衛権行使容認を解釈変更で閣議決定してしまった。それまで国会答弁で積み上げられてきた、「集団的自衛権は憲法上、認められない」との解釈という歯止めを取っ払ってしまった。私は本誌での拙稿で、国民主権、基本的人権の尊重、平和主義を掲げる日本国憲法の理念を否定する安倍政権批判を、素人《しろうと》なりに何度か繰り返してきた。少なくとも国民による開かれた議論の積み重ねによらずして、強引かつご都合主義的な解釈変更・閣議決定や強行採決、白紙委任状を得たかのような独断専行というやり方は、政治的立場、主義・主張の違いを超えて、方法論として間違っている、民主主義の否定だという趣旨だ。今の政権とて積極的に戦争したいと考えるわけではないかもしれないが、結果として戦禍に巻き込まれるような事態を未然に回避する、危機感、感受性、歯止めをもちつづけるということが欠如していると思う。

この連載では再三再四述べたことを繰り返しておきたい。広島平和公園内の「国立広島原爆死没者追悼平和祈念館」の掲示パネルの最後の一枚に、以下の記述がある。

ここに、原子爆弾によって亡くなった人々を心から追悼するとともに、誤った国策により犠牲になった多くの人々に思いを致しながら、その惨禍を二度と繰り返すことがないよう、後代に語り継ぎ、広く内外へ伝え、一日も早く核兵器のない平和な世界を築くことを誓います。

「誤った国策により犠牲になった」と、国立施設のなかで述べていることの意味を、重さを、そして謙虚さを、政権にある者をはじめ私たちすべてが永遠に心に刻まなければならないだろう。

おわりに

今年はさまざまな節目の年だ。戦後七〇年、「同対審」答申五〇年、「部落地名総鑑」差別事件四〇年、女性差別撤廃条約締結三〇年、阪神・淡路大震災二〇年、地下鉄サリン事件二〇年などなど。

また、長らくみなさまにお読みいただいた、西谷さんと私のこの「ラリーエッセイ」が来月号をもって終了することとなったから、私たちにとっての節目だ。私の担当は今月のこの拙稿をもって終わる。七年近く前に、私にとっては二度目となる、本誌『ヒューマンライツ』での連載執筆をさせていただく機会を得て、拙稿の題材探しという必要性もあって、身の回りの身近なところに「人権を探す」ことを必死にやってきた。そこにはさまざまな気づき、出会いがあった。出会いとは、自分のなかに湧き起こる感情、考えを認識する、新しい自分と出会うという意味もある。

そんな自分探しをさせていただけたことを『ヒューマンライツ』ご愛読のみなさまと、最初から長らく編集責任者を務められた西村寿子さん（現とよなか男女共同参画推進センターすてっぷ事務局長）、その後の熊谷愛さん、そして現担当の片木真理子さんに感謝し、お別れします。ありがとうございました。

２０１５年2月号（３２３号）

こう考える。

N

別の、二つのことについて考えてみたい。ひとつは、以前から関心の深い「ことば・表現」について、最近なるほどと思わせられることがあって、そのことについて紹介してみたいと思う。もうひとつは、人権について考えるといったとき、まず身近な人権から、という考え方もあるが、世の中に大きな人権の課題が起こったとき、それについて、現在の自分として、どう考えるか対峙《たいじ》してみるのも、問題が大きければ大きいほど大変なことではあるが、必要なことなのではないか、ということである。

＊

先日、テレビを見ていて感心した。若い女性のアスリートが、史上最年少という優勝のインタビューに答えて、「私、メンタル弱いんです。スタートの前なんか、いつも足ガクガクで、鶏《とり》がらスープに入れられる前の鶏みたいなんです」と言っていた。

なるほどうまいことを言う。鶏がらスープに入れられるのは、鶏のガラであって生きた鶏ではない、などという突っ込みはともかく、スタート前の彼女の心境はとてもよくわかる。鶏がらスープというのが、熊本出身の彼女らしくて、また好感がもてた。彼女は、「屠所《としょ》の羊」などという陳腐な比喩的表現は使わないのである。同じ比喩でも、日常身近な喩《たと》えを自分の感性のなかでつくりだしているのではないか。そう思って、そこに感心をした。

差別的な表現を論ずるとき、いつも気になるのは、差別的な表現といわれている表現を、〝何気なく〟使ってしまった、という反省だ。差別的な意味合いを帯びたことば、あるいは表現をそれとは知らず、つい使ってしまった。きちんとそのことを知っていればよかったのだが、という言い訳。しかし、その言い方、言い回しが、差別的意味合いをもって使われてきたという事実は、その表現の仕方が、すでに多くの人に使われてきた表現であるという事実でもあるのだ。つまり、その表現が帯びている意味以前に、すでに多くの人に使用されてきた陳腐な表現であるということだ。常に、新しいあるいは独創的な表現ができるわけではないが、少なくとも比喩的表現についていえば、手垢《てあか》のついた比喩など安易に使う心性にこそ、そもそも問題があるということだ。

*

「人権をさがして」というテーマでこの稿を書き継いできて、このことにふれないのはいかがなものかという思いがわく。いま、目前にある考えるべき大きな出来事をそばに置いてしまう、それでいいのだろうか。

こう考える。／N

高橋源一郎《たかはしげんいちろう》は、その文章を書いている時点で、流動的であった事態を受けて、スーザン・ソンタグを引きながら、意見をもつことに慎重であれ、と書いた。

それは、フランスの新聞社が、その発行する週刊紙に掲載したイスラムに対する風刺画のゆえに、テロの対象になり一二人の犠牲者が出た。それに引き続き、日本人二人がイスラム過激派に人質にされ、身代金を要求されているという事件の最中での記述だ。経過中の、情報も錯《さく》綜《そう》するなかでの「いろいろな見方」の飛び交う状況でのひとつのあり方であろう。

その高橋も、この週刊紙『シャルリー・エブド』については、述べている。彼が引くエマニュエル・トッドの発言のなかに、「ムハンマドやイエスを愚弄し続ける『シャルリー・エブド』のあり方は、不信の時代では、有効ではないと思う。移民の若者がかろうじて手にしたささやかなものに唾を吐きかけるような行為だ」という一節がある。唾を吐きかけるような行為、これを忘れてはならないだろう。

テロ行為は憎むべき残虐な行為であることは論をまたないが、『シャルリー・エブド』の事件が、引き続き起こった残念な結果になった日本人殺害事件と、一連のテロ事件として一緒くたに論じられてしまうことには、ちょっと待ってほしいとの思いをもつ。ジュ・スイ・シャルリーとアイ・アム・ゴトーは同じではない。

そもそも世俗主義なる概念はアラビア語にはなかった。世俗主義を表す〝ラーイクリキ〟なる語は、フランス語の laïque（俗的な）から借用してきたものだ。

つまり、ここに対立の根本が端的に表れている。フランス革命の最大の敵はカトリック教会であったし、そこで獲得した非宗教性はフランス共和国の第一原理である。公の場に宗教は持ち込まない。

だから、というのはわからなくはない。第一原理がテロという暴力によって侵されそうになったとき、断固として闘う。連帯する。わからなくはない。しかし、その原因となった、「原理」を盾にとった、表現という武器をまとった執拗《しつよう》ともいえる攻撃は、ほんとうに連帯に値するものなのか。テロという行為が突出してしまったために、その不当性のゆえに、口を閉ざしてはいるが、感情としては、「深く傷つけられ」「唾を吐きかけられた思い」のムスリム（イスラム教徒）の人たちに思いを致すことが必要なのではないのか。

このことに引き続き起こった二人の日本人の殺害事件。テロ行為によって人命が失われたという共通性のゆえに、なにもかも一緒くたにしてはならない。

テロ行為という粗暴さを憎むあまり、そこに潜んでいる問題を忘れてはならない。

一〇年前にデンマークの新聞『ユランズ・ポステン』がムハンマドの風刺画を掲載し、世界的に大きな問題になった。そのとき、カイロ・スンニ派アズハルモスクのイード・アブデルハミド・ユセフ師は、こう表明している。

「ムハンマドの容姿や倫理性は神が与えたもので、我々の想像の外にあり、だれも写せない。（ムハンマドに直接教えを受けた）『教友』、預言者イエスやモーゼ、そしてマリアの像も禁止。偶像崇拝は許されない」

また、日本のある新聞は以下のように述べた。

「風刺漫画という表現方法で、権力者や社会事象などを皮肉るのも、報道の範疇《はんちゅう》だろう。だが、それによって、敬虔《けいけん》な信仰心を傷つける権利までは、表現の自由にはない」「ムハンマドの風刺漫画が、偶像崇拝を禁じるイスラム教世界でどれほどの怒りを買うか――。想定もせず掲載したとしたら、ユランズ・ポステン紙は『無理解』『無責任』のそしりを免れまい」

これはこれで、日本社会での言説としては、説得力をもつ。しかし、イスラム社会で「どれほどの怒りを買うか――。想定もせず掲載したとしたら」という条件は、今回の場合どうなのだろう。そのことよりもなお重んずべきものがあるという主張にみえる。

そしてまた、この連載で何度か取り上げさせてもらった渡辺一夫《わたなべかずお》の問いかけ、「寛容は自らを守るために不寛容に対して不寛容になるべきか」を思い出さなければならない。

九・一一のあと、アメリカ社会で起こった出来事。

「二〇〇一年のアメリカ合衆国に対する恐るべきテロ攻撃の結果、世界中でイスラム教徒に向けられた人々の注目は、コミュニティーでの人間関係と、わたしたちの寛容性とが実際にはいかに脆《もろ》いものであるかということを示しています。西洋世界に住んでいるイスラム教徒の人々は、友人であり、隣人であり、共に生きる市民だ、と自分たちが考えていた人々が、急に背を向けて、世界貿易センター攻撃を非難する言葉をかれらにぶつけ、さらには、罪なき男性や女性、そして子どもたちに対してさえ、報復攻撃を行ったことに驚きました。特に気がかりなのは、アメリカやヨーロッパのあちこちで、ヘッドスカーフを身につけていた大勢の女性たちが攻撃を受けることがあるという事実です。」

このような懸念。これと似通った事例が、日本社会でも起こったことがなかったか。たとえば北朝鮮のミサイル発射実験という事態に対して。

この「寛容性の脆さ」と題された文章に対置して考えたいのは、以下の考え方だ。「寛容な人々の増加は、必ず不寛容の暴力の発作を薄め且つ和らげるに違いない。不寛容によって寛容を守ろうとする態度は、むしろ相手の不寛容を更にけわしくするだけである」と渡辺一夫は考える。ただひとつ心配なこととして、不寛容のほうが寛容よりも、はるかに魅力があり、「詩的」でもあり、生き甲斐《がい》をも感じさせる場合も多い、としている。なぜなら、不寛容は、手っ取り早く、容易であり、壮烈であり、男らしいように見える……。

男らしいか女々しいかはともかくとして、寛容は、忍苦を要し、困難で、時として卑怯《ひきょう》に見える、ことも間違いがない。

最後にもうひとつ、コラテラル・ダメージとして括《くく》られる幼子のひとつの命も、まさにそれらを含めて伝えようとした後藤健二《ごとうけんじ》氏の命も、同じ重さをもった尊い命だということだ。

〈参考文献〉

渡辺一夫『狂気について』岩波書店、一九九三年
エマニュエル・トッド、インタビュー「移民の子、追い込む風潮」読売新聞、二〇一五年一月二〇日
高橋源一郎「『表現の自由』を叫ぶ前に」朝日新聞、二〇一五年一月二九日
「『表現の自由』には責任が伴う」読売新聞、二〇〇六年二月一一日
「ムハンマド風刺漫画問題――エジプトとフランスの識者に聞く」読売新聞、二〇〇六年二月一五日
ヨーロッパ評議会『人権教育のためのコンパス』明石書店、二〇〇六年

２０１５年３月号（３２４号）

おわりに

おびただしい本がある。しかも売れない。そこに一書を加える。どんな意味があるのだろう。だれでも発信できる社会。おびただしい情報。養老孟司《ようろうたけし》先生によれば「情報とは残るものだ」、つまり泡沫《ほうまつ》のように消えるものは「情報」ではない。ネット社会という。ネットは反射神経だ。反射だからいつも正しい反応ができるとは限らない。あとで、しまったと思うことも多い。悪いやつは、刺激を与えればこう反応するだろうとあえて仕掛ける。反射神経だから直截《ちょくせつ》に反応してしまう、というようなことが起きる。

迂遠《うえん》なことから書いたが、私たちはプロではない。プロとはそのことに圧倒的な時間をかけることだ、と言った人がいる。プロとアマの違いはそこだけだと。

本書は、部落解放・人権研究所発行の雑誌『ヒューマンライツ』誌に二〇〇八年六月から二〇一五年三月まで連載された「ラリーエッセイ：人権をさがして」のなかから約半数を選んで一本にまとめたものである。同誌は、当初の誌名『社会啓発情報』からも推察されるように、さまざまな場所で人権侵害や差別と闘っている人たち、あるいは差別の解消にむけて種々の啓発活動に携わっている人たちに有用な資料を提供するという目的をもっている。

私たちは、企業の担当者という立場で人権の課題に取り組みはじめた。視点（この言葉については本文に言及がある）はあくまで、「企業の立場」というところにある。だから、専門誌としての『ヒューマンライツ』誌の読者の要望にどれだけ応えられているかという不安もある。ただ足かけ七年という期間、連載をさせていただいたおかげで、さまざまな勉強をさせていただいた。そこで考えたのは、これがひとつには、私たちの成長の記録になっているのではないかという淡い期待である。企業に所属しながら人権のさまざまな課題を考える時間を与えられた。多くの人々の教えを受け、現地研修でさまざまな地の実情から学ぶことができた。幸運に恵まれたというべきだろう。そのことが、同じ道を歩む仲間の人たちにとってなにがしかの参考になるのではないか。そう考えた次第である。

そうはいっても、一書にまとめるにあたって過去のものを読み返してみると「箸棒」というものもあった。それはさすがに省いた。結果、半分になってしまった。執筆当時の世の中の動きとも関係している部分もあるので、一応、経時的に配列をした。通読していただくにこしたことはないが、拾い読みしていただいてもよいかと思う。こんなテーマにこんなことを言っているやつがいる、それは違うだろう、そう反論していただける方がいればそれもうれしい。意を決して服を脱ぎはじめたが、さすがに人前で裸になるのは恥ずかしい。そんな気分だ。ジタバタといろいろ書いたが、「おもしろかったよ」とか「参考になった」という人が一人でもいてくれればうれしい。

このささやかな書を書くにあたって、連載中から多くの方にご教示をいただき、たいへんお世話になった。本来ならお名前を記すべきであるが、あまりに多いため、心からの御礼を述べさせていただくにとどめる。ありがとうございました。

西谷　隆行

二〇一六年盛夏

竹内 良（たけうちりょう）
東京人権啓発企業連絡会専務理事。元同常務理事・啓発委員長。元ＪＦＥスチール人権啓発室長。著書に『人権の扉をたたく―啓発担当者の想いから』（部落解放・人権研究所、二〇〇三年）。

西谷隆行（にしたに たかゆき）
公益財団法人東京都人権啓発センター・人権問題講師。元東京人権啓発企業連絡会常務理事・啓発委員長。元日本書籍出版協会出版の自由と責任委員会・副委員長 元学研記事審査室長 等。

人権をさがして　企業活動のなかで

2016年11月15日　初版第１刷発行

著者　竹内 良／西谷隆行

発行　株式会社 解放出版社
大阪市港区波除4-1-37 ＨＲＣビル３階 〒552-0001
電話 06-6581-8542　FAX 06-6581-8552
東京営業所
東京都千代田区神田神保町2-23 アセンド神保町３階 〒101-0051
電話 03-5213-4771　FAX 03-3230-1600
ホームページ　http://www.kaihou-s.com/

印刷　モリモト印刷

ISBN978-4-7592-2349-1　NDC360　294P　19cm